Ser+
com Saúde Emocional

Copyright© 2012 by Editora Ser Mais Ltda.
Todos os direitos desta edição são reservados à Editora Ser Mais Ltda.

Capa e Projeto Gráfico:
Danilo Scarpa

Diagramação:
Tiago Silva

Revisão:
Equipe da Editora Ser Mais

Gerente de Projeto:
Gleide Santos

Diretora de Operações:
Alessandra Ksenhuck

Diretora Executiva:
Julyana Rosa

Relacionamento com o cliente:
Claudia Pires

Impressão:
Imprensa da Fé
Dados Internacionais de Catalogação na Publicação (CIP)
(Câmara Brasileira do Livro, SP, BRASIL)

Ser+ com Saúde Emocional - Mestres ensinam como lidar com as emoções e os problemas para atingir o equilíbrio pessoal, melhorar a saúde e qualidade de vida, reduzindo os níveis de estresse, ansiedade e depressão / Coordenação editorial: Bob Hirsch e Mauricio Sita – São Paulo: Editora Ser Mais, 2012.

Bibliografia.
ISBN 978-85-63178-22-0

1. Bem-estar 2. Saúde emocional 3. Qualidade de vida 4. Longevidade 5. Cuidados com a mente e com o corpo - Saúde I. Título.

CDD 158.1

Índices para catálogo sistemático:
1. Bem-estar 2. Saúde emocional 3. Qualidade de vida 4. Longevidade 5. Cuidados com a mente e com o corpo - Saúde I. Título.

Editora Ser Mais Ltda
av. Rangel Pestana, 1105, 3º andar – Brás – São Paulo, SP – CEP 03001-000
Fone/fax: (0**11) 2659-0968
Site: www.editorasermais.com.br   e-mail: contato@revistasermais.com.br

Índice

Apresentação..5

A saúde emocional e a Reflexoterapia Fisiológica Neural - Parte I
Ademilson Zerede & Esmeralda Mendes Zerede................................7

A saúde emocional e a Reflexoterapia Fisiológica Neural - Parte II
Ademilson Zerede & Esmeralda Mendes Zerede..............................17

Saúde emocional e qualidade de vida no trabalho
Ana Alice Vilas Boas...25

O Caminho da Construção das Relações Sustentáveis
Andréa de Souza & Beth Pousas...33

Os sintomas como caminho para a transformação e o crescimento
Artur Paranhos Tacla...41

Autorregulação: um equilíbrio dinâmico de abertura e relaxamento
Bel Cesar..49

Emoção não se escolhe!!!!
Roberto "Bob" Hirsch...57

Estética vocal - Um caminho para a saúde emocional
Cyda Zola...65

Coaching para potencializar sua saúde emocional
Douglas de Matteu & Teodomiro Fernandes da Silva....................73

Postura, Pilates e estado emocional
Frederico Costacurta..81

O que é Nutrição Funcional
Gabriel de Carvalho...89

Estado de Alerta
Lunice Dufrayer..97

Equilíbrio com *Coaching* - O parceiro para o seu equilíbrio pessoal
Marcela Buttazzi...105

Você tem dificuldade para pedir? Cuidado, você pode estar com baixa autoestima!

Marco Barroso..113

O estresse e o trabalho nosso de cada dia
Maria Célia Guerra Medina & Vera Cecilia Motta Pereira......................121

Emoções, o homem como ser integral
Maria Inês Assunção..129

Como a liderança sistêmica influencia a saúde emocional
Maria Vilma Chiorlin & Leda Regis..137

O Coaching e o resgate das emoções
Mariana Viktor & Marco Antonio Beck..145

Saúde Financeira
Naila Trícia do Espírito Santo..153

Desenvolvendo a Saúde Emocional!
Nazareth Ribeiro..161

Saúde Emocional para enfrentar o mercado de trabalho
Paloma Marzotto...169

Ser feliz
Priscila Lima de Charbonnières...177

Código AM da Saúde Emocional
Professor Álvaro Monteiro..185

Stress como fonte competitiva e motivacional
Professor Daltro Lanner Monteiro..193

Saúde emocional: o familiar-cuidador e o tempo de cuidar de si
Rita Hetem..201

Estratégias para buscar viver bem
Rogério Duarte Fernandes dos Passos..209

Apresentação

Em um mercado incerto, onde a única coisa certa é que as mudanças continuarão acontecendo em velocidade cada vez maior, você tem de estar preparado para elas.

Entender melhor a sua mente e aprender a controlá-la, com certeza, fará muita diferença na sua vida. Está provado cientificamente que melhor qualidade de vida, bons hábitos e pensamentos, bom humor e uma vida equilibrada contribuem para a saúde emocional.

Você encontrará neste livro a orientação de trinta e dois grandes especialistas. São profissionais consagrados, que estão entre os melhores do Brasil, e que apresentam em poucas linhas grandes contribuições para esclarecer seus questionamentos.

Temos a certeza de que você identificará no conteúdo deste livro muitas ideias, sugestões e orientações de aplicação prática e imediata.

Destacamos ainda uma outra característica importante, este livro não termina na última página. Através do nosso site www.editorasermais.com.br você poderá manter contato com os autores e interagir sobre todos os seus itens de interesse. Nós, particularmente, gostamos muito dessa solução de publicar um livro aberto, que não tem fim. A atualização é constante. Aproveite.

Agradeço aos escritores pela participação. Todos estão dando uma contribuição inestimável para a literatura da saúde emocional.

Este livro, pela sua temática, formato e conteúdo, é um dos mais importantes já publicados.

Boa leitura!

Mauricio Sita
Coordenador da Coleção Ser+
Presidente da Editora Ser Mais

1

A saúde emocional e a Reflexoterapia Fisiológica Neural

Parte I

"A vida; ou ela é uma experiência corajosa ou ela é nada."
"Diante de uma montanha, esperar um pouco não a tornará menor."
Ademilson Zerede

**Ademilson Zerede &
Esmeralda Mendes Zerede**

Ser+ com Saúde Emocional

Ademilson Zerede & Esmeralda Mendes Zerede

Existem muitos motivos pelos quais alguém adoece. Podemos citar: hereditariedade, contaminações virais, bacteriológicas, por intoxicação, por radiação, lesões físicas, etc. Mas é percebido que um percentual elevadíssimo é por estresse face às pressões do dia a dia.

Numa economia cada vez mais globalizada, os esforços em busca dos necessários resultados têm se intensificado a cada dia. O efeito de toda esta pressão afeta o Sistema Nervoso, resultando em estresse.

O estresse em excesso provoca distúrbios, tais como a fadiga física e mental, resultando nas mais diversas patologias, causando baixa de desempenho e de produtividade. Não é possível diminuir essa competitividade; ao contrário, ela tende a se intensificar.

Este é um dos motivos de grande parte da rotatividade, do absenteísmo e da queda de produtividade nas organizações, traduzidos em elevados custos para elas e para seus profissionais. Isto também vai acabar se refletindo nos lares destas pessoas.

Como se isto não fosse o suficiente, o impacto deste estresse no emocional das pessoas é imenso. Mas é impossível falar de saúde emocional sem falar na íntima relação que esta tem com a saúde física, mental e espiritual. E quando falamos "espiritual" referimo-nos ao sistema de crenças, às elaborações psíquicas (diálogo interno) e não à religiosidade. Na realidade, uma saúde interfere na outra.

Definir saúde/doença não é tão simples. Doença é uma palavra que vem do latim, *"dolentia"*, que significa padecimento, designada em medicina e por outras ciências da saúde como um distúrbio das funções de um órgão, da psique ou do organismo como um todo e que está associado a sintomas específicos. Pode ser causada por fatores externos, tais como bactérias, fungos e vírus ou por disfunções internas, etc. Também é uma denominação genérica de qualquer desvio do estado normal; conjunto de sinais e/ou sintomas que têm uma só causa; moléstia.

Mas na nossa percepção ao longo destes anos como terapeutas, pudemos observar algo mais profundo do que tais definições. Por exemplo: uma pessoa cega é saudável? Um anão se encaixa nos padrões de saudável? E aquela pessoa com mais de dois metros e que anda curvada porque não se sente bem com esta condição? Talvez um nariz ou um queixo mais proeminente seja motivo de aflição. Exames clínicos rapidamente apontariam para uma condição saudável em todas estas situações, mas muitas pessoas sofrem e são infelizes por causa disto. Portanto, doença, para nós, é tudo aquilo que faz sofrer, ou seja:

É tudo aquilo que eu quero **SER** e não sou;

É tudo aquilo que eu não quero ser e sou;
É tudo aquilo que eu quero **TER** e não tenho;
É tudo aquilo que eu não quero ter e tenho;
É tudo aquilo que eu quero **SENTIR** e não sinto;
É tudo aquilo que eu não quero sentir e sinto;
É tudo aquilo que eu quero **FAZER** e não faço;
É tudo aquilo que eu não quero fazer e faço;
É tudo aquilo que eu quero **PENSAR** e não penso;
É tudo aquilo que eu não quero pensar e penso;
É tudo aquilo que eu quero **FALAR** e não falo;
É tudo aquilo que eu não quero falar e falo.

Ou seja, é tudo aquilo que provoca a infelicidade, que somatiza, que baixa o sistema imunológico abrindo as portas para as doenças. Tudo isto passa pelo sistema de crenças, rompe as defesas e impacta no físico, no mental e no emocional nas mais diversas formas de patologias. Logo, e em muitos casos, é uma permissão, uma escolha, mesmo que inconsciente. Porque COMPORTAMENTO é qualquer coisa que um organismo faz, enquanto que PROCESSOS MENTAIS são as experiências internas e subjetivas que inferimos do comportamento, a forma como pensamos, como elaboramos nossos pensamentos.

Basicamente, é a batalha, muitas vezes mortal, travada entre os três elementos que formam a estrutura da psique: o ID (ELE: que está anterior ao inconsciente, é a parte visceral, emocional), o EGO (EU: mediador entre as exigências do id e do mundo externo) e o SUPEREGO (SUPER-EU: é a moralidade, são as regras, é a consciência, a censura). Estas três estruturas muitas vezes entram em conflitos, pequenos e grandes. E como dizia Carl Segan: "Um organismo em guerra consigo mesmo está condenado". E quanto maior for este conflito, mais a pessoa precisa de terapia.

Mas o que é terapia? É uma técnica/exercício aplicada por um profissional da área da saúde que objetiva eliminar ou amenizar os desvios, deslizes, inadequações, bloqueios, recalques, incertezas, fraquezas, fragilidades, distorções, incoerências, transferências, inconsistências, compensações, inapropriações, cantos escuros, incompatibilidades, frustrações; os CONFLITOS. Todos os seres humanos experimentam diariamente tais condições que percorrem seu labirinto mental/emocional, em maior ou menor grau.

Independentemente da técnica aplicada, os resultados dependerão dos dez procedimentos determinantes para um excelente atendimento terapêutico. São eles:

 Argumentos convincentes;

Ademilson Zerede & Esmeralda Mendes Zerede

Um ambiente de não julgamento;
Um ambiente neutro/profissional;
Um ambiente cheio de boa vontade;
Esperança para as pessoas desmoralizadas;
Uma técnica verdadeiramente experimentada;
Uma nova perspectiva sobre si mesmo (paciente) e do mundo;
Conhecimentos sólidos de anatomia, fisiologia e fisiopatologia;
Uma abordagem que forneça consideração positiva e incondicional;
Um relacionamento de genuinidade, aceitação, confiança, receptividade, *rapport* e empatia.

Certificando-se de que os dez pressupostos acima estejam presentes no atendimento, a possibilidade de que a pessoa aceite seus piores traços, sinta-se valorizada e inteira e inicie a caminhada rumo à cura e aos traços de personalidade desejados, é muito grande. Porque os três grandes motivos de existir terapia são: recuperar o equilíbrio físico/mental/emocional/espiritual do paciente, proporcionar que este aprenda sobre si mesmo e que seja feliz, sendo este último o grande objetivo do ser humano enquanto ser inteligente. E uma pessoa realmente feliz é concreta e clinicamente uma pessoa mais saudável.

Utilizando a raiva/ira como exemplo da correlação entre saúde física/emocional, perceberemos que pessoas irritadiças correm maior risco quanto às doenças cardiovasculares, redução do apoio social (perda de amigos), aumento da reatividade biológica e aumento da tolerância aos comportamentos de risco à saúde. A saúde é preservada a partir do momento em que é eliminada a diferença entre o que se faz e o que se acha que se deve fazer. Ou como diz Spencer Johnson: "A dor é apenas a diferença entre o que é e o que eu quero que seja".

É importante frisar também que a saúde é grandemente impactada pelo diálogo interno (elaboração psíquica) que está apoiada no sistema de crenças da pessoa e que é suserana às constantes reconstruções e ressignificados que fazemos das informações contidas na memória e que denominamos como "lembranças". Toda crença, uma vez estabelecida, tem como função única e exclusiva se perpetuar. Crença não apenas descreve a realidade, mas, principalmente, cria realidade.

Logo, uma noite de sono e uma boa alimentação já não são o suficiente para recuperar o equilíbrio (homeostase) do organismo necessário à saúde de uma quantidade expressiva de pessoas. Neste momento, surge a necessidade de buscar outros expedientes para o alívio do estresse. Mais férias, diversão, medicamentos, drogas, álcool e terapias são alguns utilizados.

Existem centenas de terapias com excelentes resultados. Mas, há milênios, as pessoas vêm sendo beneficiadas por uma potente e eficaz terapia denominada de REFLEXOTERAPIA, que é um tratamento de saúde (técnica terapêutica) não invasivo e não medicamentoso baseado nos mecanismo das doenças (fisiopatologia) que objetiva restabelecer o equilíbrio físico e emocional, identificando, tratando e prevenindo tais distúrbios através de estímulos em terminações nervosas em pontos específicos nos pés (infelizmente a maioria das pessoas tem como referencial da REFLEXOTERAPIA como sendo uma massagem relaxante nos pés, embora o relaxamento seja uma consequência natural da aplicação da técnica).

Tais estímulos percorrem o corpo, via medula, até a sede do Sistema Nervoso, o cérebro, que, por sua vez, provoca uma reação eletroquímica, passando a corrigir as enfermidades já instaladas e proporcionando o restabelecimento da comunicação entre o cérebro e o tecido afetado. Além deste grande benefício, a REFLEXOTERAPIA também potencializa os resultados de tratamentos alopáticos, homeopáticos e outros.

É como se inseríssemos uma longa e fina agulha através do crânio (em sendo isto possível) e déssemos um estímulo elétrico numa área específica (em sendo isto conhecido) do cérebro. Ao invés de um procedimento invasivo como este, é feita a mesma coisa utilizando-se dos próprios terminais nervosos existentes nos pés da pessoa.

Estes estímulos têm como objetivo devolver as funções do Sistema Nervoso (principalmente) e o próprio SN se encarrega de provocar a cura do organismo. Isto ocorrendo, a pessoa volta a ter um sono reparador, ocasião esta em que acontece a nutrição e a excreção celular e que, por consequência, resolve muito dos problemas de irritabilidade, exaustão, falta de concentração, confusão mental, dores, etc.

Outra consequência destas funções normalizadas diz respeito ao correto funcionamento da energia do corpo que é o trifosfato de adenosina (ATP), o combustível que permite a vida ao ser humano, que vem da alimentação ingerida e do oxigênio respirado. Quando em estresse, o organismo humano gerencia mal o mecanismo de absorção de energia, impedindo sua distribuição às células. Quando esta situação se apresenta, a pessoa fica prostrada, cansada, desanimada, sem iniciativa, sem criatividade, apática, letárgica. Ou seja, em estresse excessivo o organismo não usa corretamente os recursos estocados e/ou não absorve os nutrientes necessários à manutenção da vida.

Ademilson Zerede & Esmeralda Mendes Zerede

Tais estímulos também provocam o equilíbrio do Sistema Endócrino (glandular), responsável pelas químicas naturais (hormônios) do organismo. Isto acontecendo, é resolvido muito dos nervosismos, esgotamento mental, bem como de muitos males EMOCIONAIS, porque estes são apenas o efeito da desorganização química e elétrica do corpo, tais como: insegurança, possessividade, medos, ansiedade, baixa autoestima, depressão (depressão, de acordo com a OMS, será a segunda causa de invalidez no mundo até o ano 2020), etc.

Na prática, podemos utilizar o seguinte exemplo: face ao referencial de tempo de vida que uma pessoa tem, ela sempre dirá que "está" gripada e nunca que "é" gripada. Por quê? Porque ela sabe que a maioria das gripes obedece a um período de mais ou menos uma semana. Mesmo tendo passado pouco tempo e ela perceber que está gripada novamente, sua expressão é: "Peguei outra gripe".

Mas o mesmo não acontece em todas as situações. Digamos que a pessoa passe por um longo período ansiosa. Ou seja, em várias ocasiões ela se colocou em situações que supostamente causam ansiedade. Por causa disto, a pessoa tem como sintomas: coração disparado (taquicardia – inclusive alguns acham que estão com algum problema cardíaco), extremidades (mãos e pés) frias, sudorese excessiva, distúrbio do sono e alimentar. Está acionado o mecanismo de defesa e fuga provocado pela adrenalina, que é fabricada na suprarrenal e que tem por objetivo disparar o coração para concentrar sangue nos braços e nas pernas (fuga/defesa). É um estímulo adrenérgico.

Somos criaturas do hábito. Primeiro fazemos o hábito, depois o hábito nos faz. Literalmente "adestramos" nosso subconsciente com qualquer tipo de estratégia: produtiva ou nem tanto. E criamos esta situação com processos de ancoragens através do VACOG (visual, auditiva, cinestésica, olfativa, gustativa) sem ao menos nos darmos conta. Agora, por qualquer coisa, até mesmo por coisas bem insignificantes, ao tocar em alguma destas ancoragens criadas ao longo dos anos, ela dispara o mecanismo de ansiedade. Usando o exemplo da gripe, é como se pegasse uma gripe atrás da outra.

Talvez isto perdure por alguns anos. Em algum momento durante este período a pessoa mistura as coisas por causa da continuidade e cria uma armadilha para si mesma. Ela não nasceu ansiosa, mas agora sua fala é: "eu SOU ansiosa!". Permitiu que isto infiltrasse ao seu sistema de crença. Incorporou esta estratégia improdutiva na sua personalidade. Perdeu a noção de tempo; não vai tratar esta situação como faz com a gripe. Entra numa espécie de *loop*, que para sair sozinha é difícil. Por causa disto, muitos seguem na vida igual "zumbis"; ou por se acharem o pior representante da espécie e/ou por andarem dopados com medicamentos pesados.

O **REFLEXOTERAPEUTA** estimula nos pés desta pessoa pelo menos quinze pontos do Sistema Nervoso, os pontos do Sistema Circulatório e os pontos do Sistema Glandular com ênfase no eixo "hipotálamo/hipófise/suprarrenal"; o protocolo de tratamento para ANSIEDADE. O resultado é percebido já na primeira sessão.

O mesmo processo é estruturado para outras situações, tais como: medo, insegurança, possessividade, nervosismo, mágoa, confusão com sentimentos, baixa autoestima, orgulho, etc. Só que em vez de estimular o ponto no pé correspondente à suprarrenal, serão estimulados os pontos correspondentes à psicossomatização destas outras situações improdutivas/restritivas.

Então é um tipo de psicossomatização? Sim. Ao logo de quase trinta anos esta correlação entre "órgãos específicos x emoções específicas" vem sendo estudada. Neste período, viemos percebendo que as pessoas que procuravam tratamento, diziam estar melhorando emocionalmente. Na prática percebemos a situação:

1. Quando a pessoa desenvolve uma patologia que afeta um órgão específico, também desenvolve uma patologia emocional específica;
2. Quando a pessoa desenvolve algum tipo de problema emocional específico, também desenvolve uma patologia num órgão específico. É algo mais ou menos do tipo "pague um e leve dois".

Mas isto não é novidade. Isto é conhecido desde as primeiras observações do comportamento humano. Por exemplo: o que é uma gastrite nervosa? É uma situação emocional que afeta o físico. Como é que comumente fica uma mulher no período menstrual? Irritadíssima! Isto significa que uma situação física (hormonal) está afetando o emocional. Ou ainda, quando uma mulher fica obcecada para ter um filho, inclusive buscando tratamento. Depois de adotar uma criança; depois de uma inseminação artificial; depois que acontece algo que desvia sua atenção, ela engravida. Tinha pouco a ver com os seus ovários e mais com a cabeça e com o sistema de crença.

Iguais a esta, passamos a perceber outras situações similares. Tendo como referencial o relato dos pacientes, passamos a estudar seus efeitos juntamente com o que havia nos livros ocidentais e orientais. Tais conhecimentos foram estruturados em torno da técnica da REFLEXOTERAPIA.

Ademilson Zerede

Formado em Administração de Empresas, Psicanalista Clínico, *Coach*, *Practitioner* em PNL, Reflexoterapeuta, Quiropraxista e professor universitário. Iniciou sua vida profissional em Recursos Humanos em 1980 sendo sua expertise a área de Treinamento. Nestes trinta anos ministrou cursos e palestras para milhares de pessoas nas áreas: administrativa e da saúde. Idealizador do "Programa de Atendimento ao Cliente com *Coaching*/PNL". Enquanto gestor de RH coordenou vários projetos, tais como: "Qualidade Total" e "Alfabetização de Funcionários". Professor de Reflexoterapia. É proprietário da VIRTHUS CONSULTORIA. Coautor do *"Manual Completo de Coaching"*, *"Manual Completo de PNL"*, *"Ser + em Excelência no Atendimento ao Cliente"* e *"Ser + em Saúde Emocional"* pela Editora Ser Mais.

Contatos:
www.virthusconsultoria.com.br
zerede@zerede.com | zerede@zerede.com.br
zerede@virthusconsultoria.com.br | zerede@reflexologia.com.br.

Anotações

Ademilson Zerede &
Esmeralda Mendes Zerede

2

A saúde emocional e a Reflexoterapia Fisiológica Neural

Parte II

"A visceralidade interfere na intelectualidade e atrapalha a felicidade."
"Jamais se contente em ser menos do que o melhor naquilo que você faz."
Ademilson Zerede

**Ademilson Zerede &
Esmeralda Mendes Zerede**

Ser+ com Saúde Emocional

Ademilson Zerede & Esmeralda Mendes Zerede

O resultado foi a percepção de mais de cinquenta correlações de órgãos específicos com emoções específicas. O indicador utilizado para isto é a dor exacerbada que a pessoa sente em pontos reflexos específicos nos seus pés. É uma avaliação rápida, precisa e objetiva.

Obviamente, as afirmações acima podem e devem ser contestadas; todo saber deve ser contestado. Queremos a crítica juntamente com a contribuição de mais conhecimento porque estamos embasando cientificamente/teoricamente o que vimos percebendo na prática. Mas, a teoria precisa se adequar à clínica porque a clínica é soberana.

É por este motivo que o curso de certificação profissional em REFLEXOTERAPIA que ministramos é o mais longo, abrangente e profundo que existe. Inclusive exigindo que se entregue um estudo de caso ao final qual TCC para que se possa receber o certificado.

Mas, o que a REFLEXOTERAPIA realmente trata? A Reflexoterapia não é panaceia, assim como nenhuma outra técnica é, ortodoxa ou não. Não é a cura para todos os males. Contudo, fica mais fácil dizer o que ela não trata. E são quatro situações:

Lesão de órgãos (o órgão foi retirado);
Lesão de medula (nem a Reflexoterapia e ninguém mais, por enquanto);
Problemas congênitos (nasceu desse jeito – talvez uma cirurgia corretiva resolva);
Problemas virais e bacteriológicos (neste caso, dá para se obter excelentes resultados estimulando o Sistema Imunológico, forçando o próprio corpo a combater tais organismos, mas a Reflexoterapia não vai eliminá-los).

Fora estas situações, a REFLEXOTERAPIA se propõe a tratar de tudo. A proporção e o tempo do tratamento vão depender de vários fatores, tais como: a dimensão do problema, da idade do paciente e dos seus hábitos.

Dependendo da patologia, como um câncer, por exemplo, a REFLEXOTERAPIA, talvez, pouco poderá fazer a respeito, mas diminuirá substancialmente o desconforto causado pela radioterapia ou pela quimioterapia e, com certeza, proporcionará uma qualidade de vida digna até a pessoa falecer, e que possa fazer isto sem dor e em paz ao lado dos seus familiares.

Importante enfatizar também que a REFLEXOTERAPIA tem uma fortíssima ação **profilática**. Ou seja, doenças que alguém talvez teria no futuro são interrompidas ou desaceleradas a partir do tratamento.

Na prática, os beneficiados estendem os resultados às empresas em que trabalham por aumentar a produtividade; diminuir os gastos com medicamentos; diminuir os problemas de saúde existentes; diminuir a rotatividade e o absenteísmo por problemas de saúde; evitar que novos problemas de saúde se instalem; auxiliar no aumento da qualidade dos relacionamentos (no trabalho e em casa).

A REFLEXOTERAPIA é fundamentada numa prática terapêutica experimentada por milênios no mundo. Sua mais antiga referência está na tumba de um médico no antigo Egito, em Ankmahor, Saqquaral.

Sua fundamentação teórica está nos estudos científicos de anatomia, fisiologia, fisiopatologia, neurologia, psicologia, filosofia, sociologia, psicanálise e psicopedagogia, além da extensa experiência em consultório dos seus profissionais. É uma profissão diferenciada na área da saúde e um diferencial de mercado.

É uma poderosa ferramenta aplicada isoladamente ou potencializando outros métodos terapêuticos. É chamada de "**A Mais Natural das Terapias**", justamente porque trata de pessoas com problemas de saúde físicos e emocionais, utilizando-se dos recursos biológicos (neurológicos, endócrinos, estruturais) dos próprios pacientes, sem invasão (cirurgia, agulhas, etc.) e sem medicação (alopática, fitoterápica, etc.).

E mesmo quando a aplicação da REFLEXOTERAPIA por si só não trás todos os resultados esperados, ela continua sendo eficaz porque o reflexoterapeuta consegue avaliar fisiologicamente o paciente e direcioná-lo a um especialista da área médica, porque muitos realmente necessitam de cirurgia e/ou medicação. Nestes casos, a REFLEXOTERAPIA passa a ser uma terapia coadjuvante, auxiliando a medicina, potencializando a medicação, o tratamento em si, provocando uma recuperação mais rápida e com menos dor e até mesmo auxiliando para que o paciente fique hospitalizado num período mais curto.

E, como vantagens adicionais, podemos ainda destacar:

PRIMEIRO: vem despontando como uma profissão adicional. Além de ser uma nova profissão, é importante destacar que, para a sua aplicação, é preciso somente dos pés do paciente, as mãos do profissional e os conhecimentos pertinentes. Como equipamento, é preciso apenas de duas cadeiras (uma para o profissional e outra para o paciente), proporcionando uma mobilidade muito grande. Excelente para atender em domicílio.

SEGUNDO: no nosso curso é ensinado o principal nos primeiros cinco módulos (Sistema Nervoso e Glandular). Com estes conhecimentos, o aluno trata a maioria das pessoas porque estão padecendo de estresse.

TERCEIRO: o aluno não precisa encerrar sua atividade atual para ser reflexoterapeuta e ver se isto vai dar certo, a exemplo da maioria das profissões. O aluno vai migrando aos poucos, até conseguir os resultados desejados, incluir a REFLEXOTERAPIA à sua profissão ou dividir o tempo entre as duas atividades.

QUARTO: o curso está formatado para quem quer uma profissão, trocar de área de atuação ou acrescentar ao que já faz para se destacar da concorrência. Encaixa como uma luva para quem está aposentado, mas quer continuar trabalhando.

QUINTO: mesmo atuando fora da área da saúde, os pressupostos, o autoconhecimento, as dinâmicas de grupo, de PNL e de *Coaching* experenciados no curso coloca o aluno num patamar mais elevado quanto a potencializar recursos, tempo e esforços ao executar o seu trabalho.

É importante destacar que um curso de formação profissional em Reflexoterapia, que tenha a pretensão de tocar e interferir no que há de mais complexo no universo físico que é o ser humano, precisa ter uma profunda conceituação alicerçada em conhecimentos avalizados pela ciência e pela prática; ser ministrado por professores experientes na área e com formação acadêmica de acordo com a seriedade do assunto (medicina, psicologia, psicanálise, *coaching*, etc.); estar totalmente focado na capacitação profissional e pessoal dos seus alunos; ter como missão levar equilíbrio físico, emocional e comportamental aos seus alunos e aos seus familiares através do saber e da terapeutização individual e coletiva; tem como alicerce o profissionalismo, a ética, a ciência e a excelência.

Essa estrutura precisa estar alicerçada em pelo menos treze abordagens terapêuticas; seis ferramentas de avaliação e sete de tratamento:

De Avaliação:
Cálculo do ano do trauma;
Pontos reflexos – físicos e emocionais;
Correlação de Orgãos com o Emocional (CROE);
Análise de arquétipos universais através de desenhos;
Percepções e Referenciais dos Fatores que Sustentam a Vida;
Estudo da Personalidade Pela Estrutura dos Dedos dos Pés (EPPEDP).

De Tratamento:
Dinâmicas de grupo;
Exercícios de *Coaching*;

Análise de filmes, de músicas e de metáforas;
Exercícios de PNL (Programação Neurolinguística);
Reflexoterapia (estímulos nos terminais nervosos: patologias, órgãos e correlação);
Neurometáfora (metáforas formatadas na linguagem terapêutica, do *Coaching* e da Programação Neurolinguística - PNL);
Explicação das patologias físicas, emocionais, dos comportamentos e do funcionamento da mente (Porque Eu Sou do Jeito que Eu Sou ou Será que Só Estou?);

A REFLEXOTERAPIA que ensinamos se tornou tão diferenciada que necessitou ser acrescida uma extensão ao seu nome. Passou a ser denominada de "**Reflexoterapia Fisiológica Neural**", face ao aprofundamento das pesquisas e estudos a ela dedicados.

FISIOLÓGICA: porque não é uma avaliação médica. É possível saber qual órgão está com problemas e até a dimensão deste problema face a dor que a pessoa sente no ponto correspondente nos pés, mas não sabemos especificamente qual é o problema. Isto será diagnosticado por exames clínicos.

NEURAL: porque atua diretamente no cérebro, quer pelas estratégias de *Coaching* e de PNL, quer pelos estímulos nos terminais nervosos nos pés do paciente.

Existem muitas maneiras inteligentes e eficazes para trazer alívio às dores que afligem a humanidade. Ao longo destes anos, viemos aplicando a REFLEXOTERAPIA e percebendo grandes e rápidos resultados; verdadeiros milagres. Embora fiquemos estupefatos toda vez que presenciamos isto, não nos surpreende. Sabemos que atuamos diretamente na neurologia humana e esta realmente é um milagre. Nosso objetivo é estender este benefício à humanidade.

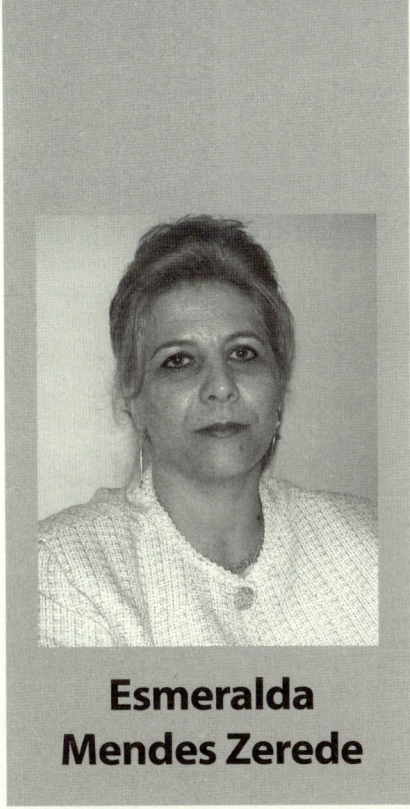

Esmeralda Mendes Zerede

Formada em Gestão de Recursos Humanos. *Practitioner* em PNL e Reflexoterapeuta. Professora de Reflexoterapia. Coautora dos livros: *"Ser + em Excelência no Atendimento ao Cliente"* e *"Ser + em Saúde Emocional"* pela Editora Ser Mais.

Contatos:
www.virthusconsultoria.com.br
esmeralda@zerede.com
esmeralda@zerede.com.br
esmeralda@virthusconsultoria.com.br
esmeralda@reflexologia.com.br

Anotações

3

Saúde emocional e qualidade de vida no trabalho

"Toda amargura, e ira, e cólera, e gritaria, e blasfêmias e toda malícia seja retirada de entre vós" (Efésios 4: 31), Porque não existe saúde emocional com sentimentos negativos e atitudes autodestrutivas. Portanto, não existe qualidade de vida e qualidade de vida no trabalho sem saúde emocional; e não existe saúde emocional sem Deus, pois Nele reside a essência do equilíbrio e de todas as coisas boas

Ana Alice Vilas Boas

Ser+ com Saúde Emocional

Qualidade de vida e qualidade de vida no trabalho (QVT) estão diretamente relacionadas com saúde emocional. Uma pessoa que trabalha produtivamente se sentindo bem no ambiente de trabalho e trazendo resultados positivos para si, a família e a sociedade deve normalmente desenvolver um trabalho de qualidade e ter em troca QVT. Neste contexto, o objetivo desse texto é apresentar um modelo de níveis de mudança que serve como uma estrutura para reflexão e desenvolvimento da saúde emocional, da qualidade de vida e da QVT. O modelo traz luz a uma perspectiva alternativa de olhar a busca do equilíbrio vida-trabalho, porque ele representa os níveis de mudanças que podem ser aplicados nesta relação.

Este modelo foi inspirado no modelo que Gregory Bateson (1904-1980) "idealizou" para explicar que há vários níveis em que uma pessoa pode ser influenciada para uma mudança. O modelo de Bateson foi posteriormente consagrado como "Modelo Cebola" por autores como Dilts[1] e Korthagen[2]. O modelo é composto de camadas sobrepostas que encobrem as camadas internas. Embora, as camadas internas sejam menores elas possuem um poder de influência altíssimo nas camadas exteriores. Mas, normalmente os indivíduos não têm consciência do que ocorre nessas camadas e como elas influenciam o comportamento aparente das pessoas. O modelo pode ser esquematizado como apresentado na figura abaixo e cada camada representa um nível de mudança.

O pressuposto básico do modelo é que o **ambiente** pode influenciar o **comportamento** das pessoas. No entanto, o comportamento das pessoas também pode ter impacto sobre o ambiente. Podemos ver que as mudanças ocorrem nos dois níveis. Em se tratando de qualidade de vida, QVT e saúde emocional o ambiente pode então afetar o comportamento das pessoas, mas ao mesmo tempo o comportamento pode influenciar o ambiente para produzir o bem-estar esperado.

As **competências** que podem ser decompostas em conhecimentos, habilidades e atitudes também são importantes em qualquer processo de mudança. Existem competências essenciais que devem ser desenvolvidas e aplicadas à vida pessoal e profissional. Se as pessoas não têm conhecimento sobre aspectos ou critérios de qualidade de vida elas não desenvolveram habilidades para cristalizar aquele conhecimento no seu dia a dia e, consequentemente, elas não terão atitude proativa para desenvolver competências e hábitos saudáveis.

A atenção ao nível das crenças na mudança de comportamento veio a partir da década de 1980, sob a influência da psicologia cognitiva, destacando que é importante saber o que as pessoas pensam e quais são as suas imagens e valores[3], pois elas determinam as suas ações e então influenciam o processo de mudança perante uma determinada situação ou condição da vida. A crença leva a um conhecimento prático que toma a forma de imagens. Além das imagens, também

---

[1]Dilts, R. Changing belief systems with NLP. Cupertino: Meta Publications, 1990.
[2]Korthagen, F. A. J. In search of the essence of a good teacher: towards a more holistic approach in teacher education. Teaching and Teacher Education 20: 77–97, 2004
[3]Dilts, R. Changing belief systems with NLP. Cupertino: Meta Publications, 1990.

Ser+ com Saúde Emocional

estão envolvidos os aspectos emocionais e comportamentais, especialmente as crenças que as próprias pessoas têm sobre si. Portanto, as crenças também contribuem com a melhoria da qualidade de vida.

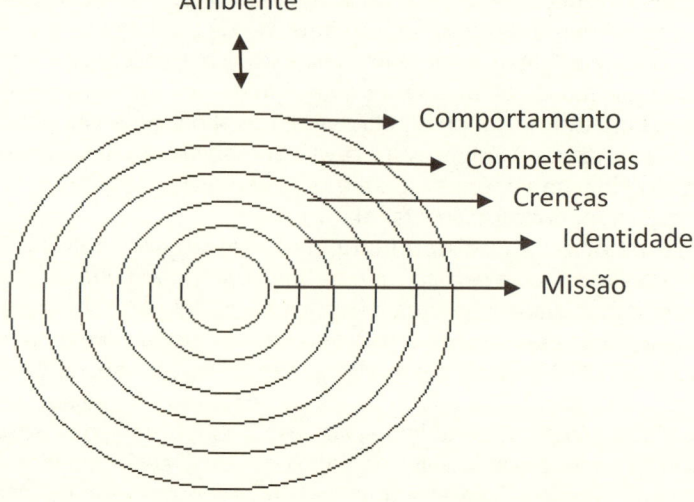

Modelo Cebola: um modelo de níveis de mudança

O nível de **identidade** refere-se a como a pessoa vê a sua identidade profissional ou outros aspectos ligados à identidade da pessoa com o ambiente onde ela vive. Questões como: Quem sou eu? Que tipo de profissional eu quero ser? Como vejo meu papel como pai, mãe, filho, esposa, esposo ou profissional? São essenciais para desenvolver uma identidade profissional ou a identidade da pessoa com o ambiente físico que ela vive. A forma como as pessoas vêm o seu papel social é em larga medida influenciada pelos acontecimentos de suas vidas ou de pessoas que ela toma como referência. Assim, a relação entre modelos passados ou padrões consolidados de "tipos sociais" ou "tipos profissionais" são importantes para ajudar a delinear a autoimagem social ou profissional do indivíduo. Podemos afirmar então que o comportamento é uma função do autoconceito ou autoimagem, portanto, de fundamental importância para a concretização de uma determinada mudança de atitude ou comportamento em prol da saúde emocional.

A **identidade** assume muitas vezes a forma de uma Gestalt ou "totalidade". O que significa que as necessidades, imagens, sentimentos, valores, modelos, experiências anteriores e tendências de comportamento criam um senso de identidade/totalidade. Essa Gestalt influencia os níveis de **crenças**, **competências** e **comportamentos** dos indivíduos. Os métodos dos "caminhos de vida" e "arquitetura de si" ajudam as pessoas a tomar consciência da Gestalt/totalidade e levam consequentemente ao autoentendimento que contribui para a aceitação do próprio "eu" e das demais pessoas que as rodeiam, sejam amigos, parentes ou colegas de trabalho.

O nível de **missão** envolve o aspecto psicológico e/ou espiritual como denominam alguns autores[4]. Neste nível o indivíduo busca responder a seguinte pergunta "O que de modo profundo me move a fazer o que eu faço?". Significa tornar-se ciente do significado da própria existência e do papel de nós mesmos em relação ao próximo. Neste nível está a experiência de ser parte significativa de um todo e de procurar estar em harmonia consigo mesmo, com a família, grupo social, cultura, natureza e ordem cósmica. Neste nível é de extrema importância que cada indivíduo busque a sua identidade espiritual, pois Deus é a essência das coisas que dão equilíbrio à vida. Enfim, neste nível as pessoas devem procurar dar sentido à sua própria existência. Neste nível as questões centrais são: "Por que eu existo?" e "O que está na raiz de minha inspiração pessoal?".

Qualidades pessoais e virtudes, como a criatividade, confiança, bondade, cuidado, coragem, sensibilidade, flexibilidade, justiça, fé e espiritualidade estão relacionadas a este nível. Ao contrário de uma abordagem baseada nas fraquezas e patologias, lidar com este nível visa nutrir o que é melhor, assim a abordagem da psicologia positiva enfatiza as características positivas ou pontos fortes dos indivíduos[5]. Os pontos fortes são considerados fundamentais para o bem-estar subjetivo e qualidade de vida. Vale destacar que as forças positivas não estão relacionadas apenas ao nível da identidade, mas também ao nível da missão. Por isso, a saúde emocional pode ser estimulada partindo do nível da missão que enfatiza qualidades pessoais, virtudes e espiritualidade.

Diante do exposto, podemos notar que estes 5 níveis condicionam enormemente a nossa vida e para tirarmos mais proveito deste conhecimento devemos analisar nossas ações e atitudes perante o ambiente externo. Consequentemente, notamos que as constantes mudanças podem ser entendidas pelo Modelo Cebola e que a consciência dos níveis pode ajudar a compreender as limitações inerentes à vida cotidiana. Por fim, podemos concluir que existe a necessidade de um alinhamento dos níveis, o que significa que o comportamento de um indivíduo, suas competências, crenças, identidade e missão em conjunto formam um todo coerente com o meio ambiente. Por isso, o processo de ajudar as pessoas a se tornarem seres melhores encontra apoio no modelo apresentado, que fornece um suporte para a reflexão sobre mudança e qualidade de vida, ajudando a localizar em que níveis o indivíduo pode estar tendo problemas de adaptação e mudança.

Em se tratando da busca pelo equilíbrio físico e emocional na vida pessoal e profissional, podemos dizer que as intervenções programadas do modelo podem melhorar a saúde emocional, a qualidade de

---

[4]Dilts, R. Changing belief systems with NLP. Cupertino: Meta Publications, 1990.
[5]Aspinwall, L. G., & Staudinger, U. M. (Eds.). A psychology of human strengths: fundamental questions and future directions for a positive psychology. Washington, DC: American Psychological Association, 2003.

Ser+ com Saúde Emocional

vida e, consequentemente, a QVT. Algumas propostas de intervenção para melhorar a qualidade de vida, podem ser assim delineadas:

1. Nível do ambiente - criação de um ambiente físico e psicológico adequado
2. Nível do comportamento - modelagem ou gestão de contingência e *workshop*
3. Nível de competências – programas de capacitação, *coaching* e *mentoring*
4. Nível de crenças – mudança conceitual e programas de desenvolvimento
5. Nível de identidade – *workshop*, dinâmica de grupo e "caminhos de vida"
6. Nível de missão – dinâmica de grupo, autobiografia e "arquitetura de si"

Muitas pessoas que passam por crises existenciais, psicológicas, emocionais e por vários problemas físicos encontram na fé em Deus o seu maior aliado para mudar de vida. Lembre-se que a maioria das doenças são desencadeadas por problemas psico-somáticos ou problemas de desajustamento social, principalmente por causa do tipo de vida que levamos atualmente e que forçosamente conduzimos nossos filhos e demais familiares a serem absorvidos por ela também. Hoje vivemos em um mundo de cobiça e cobrança desenfreada que denigre e degenera nossos hábitos e valores e compromete nossa qualidade de vida e a qualidade de vida das pessoas que "devíamos" amar e cuidar. Denigre também a nossa QVT, pois a cada dia somos cobrados a dedicar mais e mais horas do nosso tempo para trabalhar usando a tecnologia da informação e de comunicação que invadiu nossos lares e nossos finais de semana.

Assim, para ajudar alguém a adquirir um hábito saudável de vida e a adquirir padrões emocionais estáveis pode ser importante se concentrar em um determinado nível mais do que no outro. Mas, o próprio indivíduo pode se autoanalisar e identificar os níveis mais críticos para ele diante de cada mudança de atitude em prol de uma vida pessoal e profissional mais equilibrada. Lembre-se, caro leitor, que na vida devemos agir com temperança, ou seja, buscar equilíbrio nas nossas decisões e escolhas, pois no futuro teremos indubitavelmente que conviver com as consequências positivas e negativas das nossas escolhas. Acima de tudo, lembre-se que não existe saúde emocional sem equilíbrio emocional, espiritual, físico e psicológico. Portanto, cuidado com os excessos!

Ana Alice Vilas Boas

Professora e pesquisadora da Universidade Federal Rural do Rio de Janeiro e atualmente da Universidade Federal de Lavras. Possui graduação e mestrado em Administração pela UFLA e PhD pela Universidade de Reading – Inglaterra. Atua principalmente com gestão de organizações públicas e privadas, comportamento organizacional e Administração de Recursos Humanos. Foi Coordenadora do Programa de Pós-Graduação em Gestão e Estratégia em Negócios da UFRRJ, do Curso de Graduação em Administração a Distância do Consórcio CEDERJ e do Curso de Graduação em Administração Pública da UFLA. Autora de diversos artigos científicos publicados no Brasil e no exterior. Autora do livro *Gestão Estratégica de Pessoas* e co-autora dos livros *Cultura e Ética na Negociação Internacional* e *Uma Breve Introdução à Teoria da Administração: da teoria à prática lúdica*. Atualmente faz Pós-doutorado na HEC - Universidade de Montreal.

Anotações

4

O Caminho da Construção das Relações Sustentáveis

Atingir o equilíbrio emocional na vida é uma arte que requer níveis de autoconsciência profundos e eficazes. Mergulhar no autogerenciamento sustentável de suas emoções e relações é o caminho que nos garantirá uma vida mais feliz, eliminando todas as consequências negativas quando o nosso ser real não está em equilíbrio com o nosso ser ideal. Cada leitor que refletir e implementar as ações sugeridas, garantirá a permanência de uma vida saudável, evitando as somatizações e doenças, sejam elas quais forem. As doenças ocorrem em função de nossos desequilíbrios emocionais, pois quando baixamos nossas defesas por ordem emocional abrimos "as portas" para que as doenças se instalem e revelem através dos sintomas o mal emocional

Andréa de Souza & Beth Pousas

Ser+ com Saúde Emocional

Andréa de Souza & Beth Pousas

Existe um grande mal que rodeia o ser humano que a nosso ver é a base de todos os nossos sofrimentos: É o poder. E a cura para este mal é a aceitação.

Se pudéssemos então falar em causa e cura, resumidamente, estaríamos falando em poder X aceitação. Seria simples assim se o caminho que temos que percorrer de um até outro não fosse tão extenso e completo de riqueza de detalhes e informações. E é sobre isto que iremos falar neste artigo.

Todo ser humano está em busca de ser bem-sucedido ou ser estimado pelos outros. Ou um ou outro ou as duas coisas ao mesmo tempo. Ser bem-sucedido é uma busca mais racional e ser aceito é uma busca mais emocional. Esta busca vai gerar uma vontade enorme de obter êxito gerando assim um nível de perfeição do maior ao menor grau dependendo da história de vida de cada um. Porém, se os erros ocorrem temos uma grande tendência a nos sentirmos culpados e a culpa sempre gera uma ambivalência entre o que a pessoa quer fazer, que é sua vontade, entre aquilo que ela deveria fazer. Como um dever moral.

Este "eu quero" com este "eu devo" gera um conflito. Por isso é sempre bom analisarmos quando estamos em conflito, se o mesmo não foi gerado pela falta de sincronicidade entre estes dois caminhos que, na verdade, devem andar em paralelo. No fundo o que não queremos é perder, temos um grande medo de perder e, consequentemente, sofrer. Por isso criamos a fantasia de que se construirmos vínculos de poder vamos sempre ter o controle de tudo e de todos e achamos assim que estaremos sempre protegidos nesta condição. O que irá nos diferenciar é o nosso caráter. Dependendo da bagagem de crenças e valores que recebemos, é determinada a maneira que vamos tentar exercer ou não estes vínculos de controle e poder.

Na verdade, estamos falando do grande medo que temos de criar vínculos e nos entregar. Ainda temos a fantasia de que se controlarmos tudo e todos que estão ao nosso redor, seremos mais felizes. Mas a única certeza que temos na vida é a da morte. O restante não. **Na verdade, o único controle que podemos garantir é aquele que exercemos sob nós mesmos!** Esta certeza também pode ocorrer se construirmos a confiança em nós mesmos através do autoconhecimento. Saber gerenciar nossas emoções identificando o que nos abala, o que nos fortalece, como reagimos, como pensamos sobre a vida e, acima de tudo, amarmos a nós mesmos é o que nos dará a garantia de que estaremos sempre prontos para quando qualquer contrariedade ou frustração ocorrer. Pois não podemos garantir o controle sobre que é externo a nós, mas o controle que teremos da nossa reação sobre o que está fora de nós. E isto sim é que vai nos garantir o equilíbrio perante tudo que nos desagrada.

O nosso núcleo de apego está ligado ao medo que temos de nos vermos derrotados e frustrados (Poder). Por isso nos apegamos à fantasia do controle acreditando que assim evitaremos as perdas e contrariedades. Sendo assim, buscamos formas de nos protegermos para não nos entregarmos e, com isso, criamos a separatividade podendo escolher um caminho repleto de ANSIEDADE ou de SAÚDE.

Na ansiedade a nossa consciência é muito individualista e estamos sempre em busca da autorrealização, ficando muito egocentrados fixados no poder e cada vez mais temeremos a entrega. Sendo assim, continuamos na dor e, ironicamente, na tentativa de não sofrer continuamos sofrendo.

Na escolha da Saúde temos a consciência da unidade e da consciência cósmica onde estamos sempre em busca de nos autotranscender ao invés de controlar. Sabendo assim que somos Teocentrados, onde tudo se correlaciona e nada, nada acontece ao acaso. Assim, não temos medo da entrega por acreditar no eu maior e se a dor ocorrer trabalharemos a aceitação da dor tentando aprender e transcender com ela.

A ansiedade está ligada a perda ou ao medo da perda do controle, ao olhar para o futuro querendo ter a certeza absoluta de tudo que virá. Já a depressão é o poder frustrado, é o olhar para o passado repleto de culpa ou raiva. E o estresse é a sobrecarga que estas emoções não resolvidas desencadeiam em cada um por não saber administrar passado, presente ou futuro.

Por isso cada vez mais estamos sendo convidados a modificar nossa consciência para uma visão mais ampliada da vida e a nossa grande transformação será perceber a vida de outra forma, criando assim relações sustentáveis.

Sendo assim, pensamos em algumas possibilidades de garantirmos a **Construção das Relações Sustentáveis (C.R.S.)** elencamos algumas dicas para, efetivamente, colocarmos em prática em nosso dia a dia.

1 - **Aceite-se!** Aceitar-se é o primeiro passo para a construção de relações sustentáveis, pois aceitar-se significa ter sabedoria, com senso e equilíbrio para lidar com você mesmo e, consequentemente, com o outro com plenitude.

2 - **Use o METAPENSAMENTO**, ou seja, antes de agir pare e pense sobre o que você está pensando e, desta forma, vá eliminando de sua mente pensamentos destrutivos que não favoreçam a autorrealização. Substitua estes pensamentos por outros que sejam de reforço e estímulo positivo.

2.1 Seguem algumas dicas de como utilizar o Metapensamento em seu dia a dia:

O método consiste em escrever os pensamentos automáticos que ocorrem em função de determinadas situações e emoções. Num primeiro momento, é mais fácil realizar esse exercício, depois de tudo ter acontecido, afinal, basta pensar na situação em questão que se viveu no passado e tudo retorna. Faça as perguntas abaixo e meça seu nível de estresse com aquela determinada situação.

A) Como eu me sinto agora nesta situação?
B) Que se passa em minha mente neste momento?
C) Continuando a pensar dessa maneira o que vou sentir?

O fato de começarmos a observação já produz um impacto: a tomada de consciência do que acontece na própria mente permitindo fazer outras escolhas mentais e, assim, ter sentimentos mais favoráveis.

Uma vez identificados os pensamentos automáticos, analise-os e questione sua postura e reação diante do que ocorreu, pois seu objetivo é modificar seus pensamentos para ter reações mais adequadas com as pessoas e situações a sua volta. Então "converse" consigo e faça os questionamentos a seguir:

A) Tenho pensamentos precisos sobre os fatos ou interpreto-os da minha maneira?
B) Quais são as possibilidades e alternativas para esta situação?
C) Quanto ao meu julgamento: estou sendo severo comigo mesmo ou com as outras pessoas?

Ao checar seus pensamentos perceberá que o modo como você interage com seus pensamentos será mandatório sobre suas atitudes e reações com todos se relacionam contigo. Em outras palavras, cada um percebe o que espera e prefere perceber e não as coisas como elas são, por isso, esteja atento e não se deixe levar por reações automáticas e deliberadas. Leve em conta que nenhuma situação ou evento é percebido tal como se apresenta, mas sempre em função do que o indivíduo espera e consegue ver com seu "colorido" emocional.

3 – **Mantenha o bom humor!** Seja alegre, pois a alegria é o melhor remédio para nossas dores. A pessoa alegre tem o dom de transformar o ambiente ao seu redor.

4 - **Fale de suas intenções e sentimentos!** Confidenciar com pessoas de seu convívio, desabafar em momentos oportunos; ouvir e ser ouvido trará saúde e equilíbrio, pois a palavra é um poderoso remédio.

5 - **Busque confiar!** A confiança é a fé em si, no outro e na vida. Confiar é criar vínculos verdadeiros, autênticos que nos levam a relações genuínas e sustentáveis.

Ser+ com Saúde Emocional

6 - **Tome decisões!** Para decidir é preciso coragem cor = coração e agem = agir, ou seja, agir com o coração, com sabedoria e bom senso para que a indecisão não faça parte de sua vida. E não se preocupe com o certo ou errado, pois o certo é o que é melhor para sua vida neste momento. E isto é completamente modificável a todo instante!

7 - **Procure soluções!** Busque soluções inovadoras mesmo que sejam para velhos problemas. Não murmure ou lamente por que os problemas existem. Enfrente-os criativamente e verá como se tornam insignificantes frente a sua grandeza. Aprenda com os problemas, pois se eles apareceram é para o seu crescimento e sua transformação, se não você não teria atraído eles para sua vida. Pense nisto!

8 - **Estabeleça metas!** A meta é a nossa "bússola" o "norte" que nos mantém firmes no caminho. Não ande sem rumo. Tenha metas alcançáveis, factíveis e reais.

9 - **Seja único!** Não viva de aparências e fachadas. Seja sempre autêntico e genuíno em suas escolhas, pois você é, de fato, único e insubstituível mesmo que o "mundo" diga o contrário.

10 - **Construa Relacionamentos Sustentáveis!** Cultive seus relacionamentos regando-os diariamente com atitudes e escolhas saudáveis. Aprenda com as suas experiências e torne-se exemplo e fonte de estímulo para quem está a sua volta.

Na **C.R.S.** podemos nos reconhecer primeiramente como indivíduos únicos, singulares e imperfeitos. Se aceitarmos nossas imperfeições seremos capazes de nos amarmos com mais plenitude, olharmos para nós mesmos e, consequentemente, para o outro com mais indulgência. Assim encontraremos onde está o nosso verdadeiro eu livre das cobranças internas e externas que geram um eu ideal que nem sempre conseguimos alcançar. Assim podemos olhar nossa luz e sombra e integrá-las. Podemos assim dar e receber limites e ter posicionamentos saudáveis perante a vida. A partir daí o modo SER poderá falar mais alto que o modo TER. Não precisaremos mais correr atarantados em busca de um "vale perdido" repleto de conquistas e realizações materiais, pois este paraíso estará dentro de nós mesmos. E ninguém pode dar o que não tem. Se eu tenho esta paz construída dentro de mim vou poder construir nas minhas relações em qualquer nível social, profissional ou familiar, de uma forma assertiva e sustentável. E a manutenção destas relações se baseará no cultivo pessoal de cada ser humano do seu próprio jardim, florescendo assim relações de plena entrega e confiança mútuas!

Andréa de Souza & Beth Pousas

Andréa de Souza

Psicóloga Clínica e Organizacional, pós-graduada em Reengenharia de Recursos Humanos - Gestão de Pessoas, especialista em T&D (Treinamento e Desenvolvimento) com foco em DG (Dinâmica de Grupo). Possui Especialização na Metodologia do P.E.I. (Programa de Enriquecimento Instrumental) pelo N.D.P.C. (Núcleo de Desenvolvimento do Potencial Cognitivo – Brasil / Israel). Também é Chancelada para a utilização da Metodologia Ned Herrmann - Dominância Cerebral. Com 15 anos de experiência, é Consultora de Recursos Humanos, Conteudista, Docente, Palestrante, Facilitadora e Multiplicadora de projetos de Educação Empresarial e Desenvolvimento Organizacional.

Beth Pousas

É Psicóloga clínica, Palestrante e Consultora de aprendizagem em empresas há 20 anos. Possui pós-graduação na abordagem Humanista-Existencial, em Dinâmica de grupo pela SIRH e terapeuta Floral formada pela Fundação Dr. Edward Bach – Inglaterra. É membro do IBRAP- Instituto Brasileiro de Pesquisa em Terapia Regressiva. Formação na metodologia do PEI, tornando-se especialista em Desenvolvimento Cognitivo pelo N.D.P.C. (Núcleo de Desenvolvimento do Potencial Cognitivo – Brasil /Israel). Especialista em orientação profissional. Chancelada para a utilização da Metodologia Ned Herrmann - Dominância Cerebral.

Anotações

5

Os sintomas como caminho para a transformação e o crescimento

Na relação social é contar com uma presença humana positiva que seja capaz de ver a força e a beleza dessa presença e manifestação do nosso sintoma sem julgamentos. Quando eu era pequeno minha avó materna chamava essa experiência de abençoar. Esse é um processo de coevolução, onde a cura é mútua

Artur Paranhos Tacla

Ser+ com Saúde Emocional

Artur Paranhos Tacla

*"O ser humano é uma casa de hóspedes. Toda manhã uma nova chegada.
A alegria, a depressão, a falta de sentido, uma consciência momentânea aparece como um visitante inesperado.
Dê as boas vindas e entretenha a todos mesmo que seja uma multidão de dores
Que violentamente varrem sua casa e tiram seus móveis.
Ainda assim trate seus hóspedes honradamente.
Eles podem estar te purificando para um novo prazer.
O pensamento sombrio, a vergonha, a malícia, encontre-os à porta sorrindo.
Seja grato com todos que vem, porque cada um foi enviado como um guardião do além."*
A Casa de Hóspedes - Rumi

A experiência dos sintomas

Rumi descreve o que considero o pilar mais importante para construir uma experiência de bem-estar e fluxo na vida, a nossa capacidade de construir e desenvolver uma boa relação com as emoções e experiências que emergem em nós. Quando as emoções chegam até nós como boas amigas - hóspedes desejados como a felicidade, a alegria, o amor, a gratidão etc. - não temos dificuldade em recebê-las. Todavia, acolher a vida quando ela chega a nós com o estranho, o esquisito, o negativo, o desconfortável, o assustador, o demoníaco, é uma maestria que determinará a nossa experiência de bem-estar.

Podemos nomear essa experiência, estes hóspedes indesejados, como os nossos monstros ou fantasmas que assombram nosso corpo e nossos relacionamentos. Ao longo da vida seremos visitados por muitos monstros diferentes, pode ser um monstro chamado depressão ou impotência, o fantasma da culpa ou da vergonha ou até o monstro das compulsões. Eles também podem chegar como um sintoma, um tique nervoso ou doença. Podem assumir a forma da tirania e intolerância de uma ideologia, costume ou instituição.

A nossa cultura nos ensinou que essas experiências são perigosas, que esses monstros precisam ser enfrentados, eliminados e que devemos fugir e evitá-los ao máximo. Fomos educados a acreditar que devemos ter controle sobre eles, esse controle seria o diferencial de uma pessoa madura, ou seja, racional e controlada. Os monstros podem surgir em dois domínios: no corpo, como um sintoma físico ou uma experiência de perda de controle, e nas relações, como dificuldade de convívio, quando percebemos o outro como um inimigo.

A crise é o sinal de que há algo mais acontecendo em nós que está fora do controle consciente, as respostas cotidianas não são suficientes para lidar com a complexidade desse contexto. É o sinal de que nossos modelos mentais, isto é, os mapas que construímos internamente baseados em nossa experiência, falharam ou não foram suficientes para dar uma resposta adequada a uma determinada situação e manter nosso bem-estar. As pessoas buscam ajuda depois de terem feito inúmeras tentativas frustradas para eliminar os monstros, sintomas e conflitos. Elas carregam, além do sofrimento associado ao sintoma, a vergonha e a humilhação das tentativas frustradas de controlar o problema.

O sofrimento como transformação ou defeito
De uma forma radical, podemos descrever dois padrões para receber e se relacionar com a experiência do sintoma, cada um deles representa uma forma bastante distinta de conceber a vida e o viver:
O primeiro é olhar para o sintoma como se fosse um monstro que devemos combater ou fugir. Nesse olhar está implícito que o ser humano (e a vida) é um mal ou defeito a ser corrigido, e que os sintomas são sinais de fraqueza, debilidade ou alguma forma de insuficiência química, psíquica, social e/ ou espiritual. Esse olhar é a marca da nossa cultura. Porém, os sintomas podem ser vistos como parte de um processo profundo de transformação e despertar da alma, eles podem ser recebidos como se fossem um mestre espiritual que vem nos visitar. Olhar que nos convida a dar as boas vindas e abrir-se para aprender com esse sintoma, ser o bom anfitrião que Rumi descreve. Os sintomas são formas que a vida encontra para se manifestar em nós, esse olhar reconhece a vida como se ela fosse um mistério a ser explorado, e que cada pessoa tem um propósito e talentos para oferecer ao mundo.
As narrativas míticas descrevem essa jornada como o Caminho do Herói. Os mitos são as etapas arquetípicas que todos nós passamos ao longo da vida em que o herói faz sua jornada de aprendizado e evolução para educar o uso de seus talentos e ser capaz de colocá-los a serviço do mundo.

As crises como uma jornada de transformação
A vida pode ser entendida como uma jornada na qual as crises são etapas naturais do despertar humano. As crises são intrínsecas ao viver - nascimento, morte, doença, outras decorrências de nossas escolhas e ações, como o casamento, mudar de país ou cidade, formatura na escola, uma demissão no trabalho etc. – estão a serviço de liberar nossos talentos. Todo sintoma, na sua raiz, é alguma forma de recurso que vem para nos transformar. Educar os talentos é um pro-

cesso de humanizar e harmonizar as forças da vida em nosso corpo e, depois, oferecer essa qualidade para o mundo. É um processo de liberação psíquica e, ao mesmo tempo, de socialização e renovação do conviver humano ao trazer novas qualidades para a vida e os relacionamentos.

Certa vez recebi uma cliente que veio com uma queixa de depressão. Estava cada vez mais difícil para ela manter sua rotina e atividade profissional. Na época ela era viúva e vivia sozinha, suas crises aconteciam principalmente na parte da noite. À medida que desenvolvia uma curiosidade maior por seus sintomas, ela percebeu que os piores momentos aconteciam enquanto "jantava sozinha na frente da televisão sem ter com quem conversar". O que ela chamava de depressão era uma forma natural de sua mente inconsciente interromper um padrão de vida e, fundamentalmente, ajudar a reconectar com partes da vida dela que ficaram esquecidas com a morte do marido, como a sua alegria de viver, a hospitalidade, a solidariedade e outras qualidades que ainda não tinha tido oportunidade de incorporar em seu viver como a leveza, o relaxamento e a entrega.

Sua vida era marcada por um padrão de estar sempre alerta, à disposição dos outros. Ela desde pequena tinha aprendido a cuidar dos outros em função do contexto familiar bastante difícil marcado pelas dificuldades financeiras e pelas mortes precoces. Não teve a mesma chance de desenvolver, durante sua vida, as energias da entrega e do relaxamento, seu padrão era "sempre alerta!". Em algum momento, seu corpo encontrou um bom momento para permitir que outras possibilidades pudessem emergir em sua vida, ampliando suas formas de viver e conviver. A depressão foi o meio pelo qual essa transformação chegou.

A nossa cultura não desenvolveu mecanismos psicossociais para transformar positivamente as crises. Não existem rituais e práticas sociais que ajudem as pessoas a lidar com as grandes aflições da alma. As dores, os sofrimentos e os conflitos são aspectos inevitáveis da vida e do viver, não importa quem você é ou deixa de ser, não importa o que você fez ou deixou de fazer, todos nós seremos visitados por estas experiências. O que realmente importa é o que cada um de nós é capaz de fazer de bom com o que a vida mandou. Assim, mecanismos psicossociais eficientes não são aqueles que estão organizados para prevenir o sofrimento, mas aqueles que nos ajudam a sofrer de forma efetiva. São as práticas que ajudam as pessoas a viver a dor como uma experiência de transformação. Todos nós conhecemos pessoas que conseguiram superar grandes dores e dificuldades, elas ganharam uma força diferente e, por isso, temos um respeito e admiração ainda maior por elas.

Na Grécia antiga esse sistema de apoio a transformação era conhecido como Paidéia. Era um sistema de educação psicossocial espiritual voltado para a formação e o desenvolvimento da excelência humana, para buscar a formação de um homem o mais semelhante possível aos deuses. Todavia, em nossa cultura de consumo somos estimulados a buscar formas de alienação, a fugir ou a lutar de forma maníaca contra nosso corpo e a vida. Ficamos limitados a alguma forma de consumismo para "desestressar": compras exageradas no shopping para aliviar a angústia, o consumo de drogas e álcool, compulsões alimentares, sexuais, profissionais ou espirituais, são tentativas de nos desligar dos sintomas e das crises. E têm como efeito principal a anestesia, o embotamento psicológico.

As sociedades arcaicas desenvolveram formas bastante sofisticadas, através dos rituais, para lidar com essas energias da vida. Uma das formas mais conhecidas, por exemplo, é o teatro grego com suas tragédias e comédias, eram os grandes dramas e questões da vida sendo encenadas e refletidas pela e para a coletividade. Apresentava questões existenciais que, cedo ou tarde, todas as pessoas teriam que enfrentar. Nesse sentido era, inclusive, uma forma preparatória (e não preventiva) de tratamento psicológico na medida em que desenvolvia uma pedagogia da vida e do bem viver. Os antigos rituais de passagem serviam de ponte entre um estágio e outro de vida, procurando oferecer presença, suporte e orientação. Eles ajudavam a manter a estabilidade e a conexão com si mesmo e com a comunidade. Eles sabiam que no transcorrer natural de uma vida, gostando ou não, todos seriam desafiados pelos próprios monstros. Mas nós temos a escolha de aprender e crescer com elas ou não.

Todo crescimento requer alguma forma de cooperação. Para transformar um sintoma em recurso nós precisamos humanizá-lo. A humanização é um processo que acontece no corpo e na relação com outra pessoa. No corpo é o movimento de acolher e dar as boas vindas ao sintoma. Na relação social é contar com uma presença humana positiva que seja capaz de ver a força e a beleza dessa presença e manifestação do nosso sintoma sem julgamentos. Quando eu era pequeno minha avó materna chamava essa experiência de abençoar. Esse é um processo de coevolução, onde a cura é mútua.

Artur Paranhos Tacla

Psicólogo e sócio-fundador da ATMA Desenvolvimento Humano onde atua como consultor nas áreas organizacional, clínica, educacional e esportiva. Na área organizacional desenvolve diversos programas de Consultoria e *Coaching* Sistêmico em Transformação Organizacional, Desenvolvimento Humano, da Liderança e Qualidade de Vida. Na área educacional presta consultoria em programas para Facilitação da Aprendizagem, Comunicação e Capacitação de Professores. Tem formação internacional em Psicoterapia Sistêmica. É professor da formação em Constelação Organizacional do Instituto Brasileiro de Soluções Sistêmicas (IBSS) e Constelação Familiar do Metaforum Internacional Camp. Participou do SISC-*Study (Symptoms / Illness and Systems-Constellations)*. É *trainer* da *International Critical Incident Stress Foundation* e formação pelo *International Traumatology Institute* da *University of South Florida*. É um dos responsáveis pela introdução de métodos inovadores no Brasil, tais como *Eye Movement Desensitization and Reprocessing e Emotional Freedom Technique*.

Anotações

6

Autorregulação: um equilíbrio dinâmico de abertura e relaxamento

Ao cultivarmos a habilidade de nos autorregularmos, ganhamos a sensação de autossustentação e autoconfiança tão necessárias para lidarmos com emoções difíceis e desequilibradoras

Bel Cesar

Bel Cesar

Enfrentar desafios garante a sanidade de nosso cérebro. No entanto, se ultrapassarmos constantemente nossos picos de estresse, adoecemos. Viver moderadamente é um desafio para o homem no século XXI. O segredo para gerar bem-estar está em se autorregular: surfar sobre ondas de tensão e relaxamento sem deixar-se cair em extremos de hiperatividade ou depressão. Este equilíbrio dinâmico ocorre quando há uma boa coordenação entre os sistemas excitatórios e inibitórios do sistema nervoso autônomo.

Enquanto o Sistema Nervoso Simpático prepara o corpo para a ação, o Sistema Nervoso Parassimpático nos ajuda a relaxar e a nos regenerarmos após o perigo. A autorregulação impede tanto a hiperativação do Sistema Nervoso Simpático, como a ansiedade e os pensamentos obsessivos, quanto do Sistema Nervoso Parassimpático, como os estados de apatia e a desconexão. Quando há hiperativação simultânea dos dois sistemas, surge o estado de depressão ansiosa.

Aqueles que, devido ao estresse crônico ou agudo, perderam sua capacidade de se autorregular, podem recorrer a tratamentos psiquiátricos e psicoterapêuticos. Cada pessoa possui seu eixo de sensibilidade diante do estresse. Conhecer e respeitar esse seu eixo faz parte do processo de autocura. Para tanto, é importante conquistar um senso de realidade baseado na experiência direta, tanto externa quanto interna.

Cinco atitudes que ampliam a capacidade de autorregulação
O Budismo Tibetano nos incentiva a cultivarmos cinco atitudes que geram autorregulação mental e emocional: um senso de abertura e perspectiva constante, a não dúvida, a generosidade, a satisfação e a serenidade. Elas nos levam para além do campo pessoal, dão sentido à vida e nos engajam socialmente.

Um senso de abertura e perspectiva constante
A primeira atitude para a autorregulação está em cultivar a autoaceitação para criar espaço interno, pois presos aos hábitos mentais negativos temos uma visão da realidade estreita e distorcida da realidade.

Gangchen Rinpoche nos fala: "não olhe para o lado da sombra, mas para a realidade. Uma mente cientista analisa a realidade e não gera dúvidas". Olhar para a sombra nos leva a ter uma visão imediata, o que produz um efeito limitador sobre nossos recursos. Olhar para a realidade significa cultivar um pensamento analítico capaz de reconhecer os vários pontos envolvidos numa determinada situação: suas causas, condições e efeitos.

Um erro comum de uma mente fechada consiste em buscar uma única causa para um problema. No entanto, é bom lembrar que as causas de nossos sofrimentos são muito anteriores ao que pensamos.

Ser+ com Saúde Emocional

Ao reconhecer a rede de fatores que envolve uma mesma questão, ganhamos a flexibilidade necessária para deixar que venham à tona novas ideias e sentimentos que nos levam para além de nosso ponto de fixação. Na medida em que nos tornamos menos reativos e superficiais, ganhamos uma visão a médio/longo prazo que nos possibilita incluir a superação do problema em questão.

O próximo passo será aprender a nos descolarmos da memória deste sofrimento. Gangchen Rinpoche alerta: "depois de ter resolvido um problema, não se esqueça de dizer bye bye para ele". Para tanto, ele nos ensina o seguinte método: "deixem seus problemas num espaço fora de vocês. Escrevam ou coloquem objetos que os representem em caixas e, um dia, se desfaçam deles. Cada um tem que fazer sua experiência para entender o que estou falando. Se vocês ficarem com saudade do problema, podem abrir a caixa e olhar para ele. Aí, vocês logo vão sentir que não precisam mais dele. Os problemas não fazem parte da natureza de nossa mente que deve ser sempre um espaço limpo e leve. Quando reconhecermos o espaço aberto de nossa mente como algo precioso, iremos preservá-lo acima de tudo".

"Não-dúvida"
Abertura e perspectiva geram curiosidade em explorar novas possibilidades e garantem a capacidade mental da não-dúvida.

A não-dúvida surge na medida em que estamos sintonizados com nossos princípios éticos. Por meio da moralidade e da disciplina, nossas ações são claras e confiáveis. Conscientes de nossas ações, não temos nossas decisões.

O Budismo nos incentiva a investigar, ao invés de duvidar. "Não é bom ter dúvidas, mas é preciso aprofundar nossas certezas", me disse certa vez Lama Gangchen Rinpoche. Quando não lidamos diretamente com nosso problema raiz nos autoiludimos com soluções irreais.

O ato de duvidar em si não nos aproxima da verdade, mas sim da intenção com que exercemos nossas dúvidas. A mania de questionar ao invés de investigar nos impede de saber escutar. Pois costumamos questionar ao mesmo tempo em que escutamos.

O Budismo ensina que, primeiro, devemos apenas ouvir, depois questionar e, em seguida, meditar para, então, colocar em prática nossas conclusões.

Generosidade
Sem medo de agir, surge o desejo de expressar nossas habilidades

para o mundo que nos rodeia. A generosidade nos leva à coragem de nos comunicarmos. Ao compartilhar nossas posses, ideias e sentimentos, superamos o medo da falta.

O ser humano, em sua fragilidade, necessita da sustentação alheia para sobreviver. No entanto, devido à luta natural das espécies entre si, as sociedades aprenderam a competir, a lutar e a se defender. No passado, a predisposição positiva ao grupo interno e a negativa ao grupo externo garantia a sobrevivência, mas hoje nossa sobrevivência está associada à cooperação com outros grupos. Ao sermos empáticos e generosos, passamos a nos sentir incluídos em nosso grupo social. Este sentimento genuíno de pertencimento desperta um estado de confiança básico sem o qual não podemos nos autorregular.

Satisfação
A união das atitudes anteriores gera a satisfação: um estado mental de concentração e bem-estar que nos permite seguir em frente.

Lama Michel explica que há uma palavra em tibetano para a aceitação incondicional: Tchok She Ba, que quer dizer "ter segurança interna para lidar com qualquer situação". Numa expressão bem brasileira quer dizer: "fique bem, pare de dar murros em ponta de faca".

Ver a realidade sem a necessidade de transformá-la não quer dizer sermos passivos e indiferentes diante da negatividade ou da injustiça, mas, sim, desistirmos da mania de controlar as situações a nosso favor.

Quando abandonamos a necessidade de sermos compreendidos, ficamos menos suscetíveis às críticas alheias e ao mesmo tempo conseguimos ser menos críticos com os demais. Ao parar de julgar os outros, nos sentimos mais leves.

Aceitar o que não podemos mudar é, em si, uma atitude empática para conosco mesmos. Nos ajuda a abandonar a atitude de aversão frente à vida e adquirimos coragem para lidar com a adversidade sem nos machucar.

Cabe ressaltar que é preciso treinar o reconhecimento da satisfação interna, para que ele não seja visto como uma experiência óbvia e sem importância.

Serenidade
A satisfação nos traz uma maior flexibilidade psicológica: a serenidade para nos mantermos no aqui e no agora e motivados a seguir em frente apesar dos impedimentos.

Ser+ com Saúde Emocional

"Entregar-se ao momento presente é desistir das marcas difíceis do passado", alerta Gangchen Rinpoche. Um processo nada fácil na maioria das vezes. Para tanto, Lama Michel adverte: "não é possível passar de um estado negativo diretamente para um positivo. É preciso primeiro neutralizar a mente, acalmá-la. Encontrar um objeto de percepção neutro que nos leve ao momento presente". Este objeto pode significar um lugar seguro para recuperar-se ou abrir-se com uma pessoa em quem podemos confiar. Mas, mesmo sob todas as condições externas favoráveis, não iremos aproveitá-las se ficarmos apegados à imagem mental que criamos de nós mesmos e dos outros no passado. Ele enfatiza: "mesmo que isso não seja fácil, é possível e necessário ser feito". "A mente é cheia de defeitos, mas ela tem uma grande qualidade, aquilo que lhe ensinamos ela segue", já ressaltava Gueshe Tchekhawa, no século XII.

A autorregulação promove estabilidade sem rigidez, o que nos permite enxergar mais aspectos de um mesmo fenômeno e acessar novos recursos psicológicos antes bloqueados pela hiperativação mental.

Serenos, acessamos a sabedoria intuitiva, capaz de nos guiar a cada desafio. Em geral, não a consideramos porque estamos condicionados a seguir apenas nossa mente racional. No entanto, ao treinar o rastreamento de nosso corpo diante dos diversos estados emocionais, podemos compreender a realidade também por meio da sensopercepção. Por exemplo, o corpo diante da verdade relaxa, enquanto frente à incoerência fica tenso. São "imagens sentidas" que se transformam constantemente, variando em sua intensidade e clareza. Ao nos sintonizarmos com estes tênues sinais físicos de bem-estar e desconforto, aspectos que ainda estavam obscuros tornam-se claros, o que cria uma nova percepção diante do conflito.

Aprendemos a nos autorregular com técnicas psicosensoriais como a da Experiência Somática criada por Peter Levine. Nela, aprendemos a nos autorregular ao pendular entre a tensão e a distensão.

"Podemos fazer de nossa vida nossos ensinamentos", diz Lama Gangchen Rinpoche. Olhar a vida como uma oportunidade de crescimento é abandonar o medo de que as coisas não venham a funcionar como gostaríamos. Com a autorregulação, recuperamos a confiança e a curiosidade necessárias para manter nossa abertura e disponibilidade para o desconhecido.

Bel Cesar

Psicóloga, pratica a psicoterapia sob a perspectiva do Budismo Tibetano desde 1990. Discípula de Lama Gangchen Rinpoche e mãe de Lama Michel Rinpoche. Dedica-se ao tratamento do estresse traumático com os métodos de *Somatic Experiencing* e de EMDR, (Dessensibilização e Reprocessamento através de Movimentos Oculares). Desde 1991, dedica-se ao acompanhamento daqueles que enfrentam a morte. Em 1987, organizou a primeira vinda de Lama Gangchen Rinpoche ao Brasil. Presidiu o Centro de Dharma da Paz por 16 anos. Desde 2004, desenvolve atividades de Ecopsicologia no Sítio Vida de Clara Luz, em Itapevi, São Paulo. Desde 2002, colabora com o site Somos Todos Um na sessão Psicologia Budista. Elaborou o livro "*Oráculo I Lung Ten*". É também autora dos livros "*Viagem Interior ao Tibete*" e "*Morrer não se improvisa*", "*O livro das Emoções*", "*Mania de Sofrer*" e "*O sutil desequilíbrio do estresse*" em parceria com Dr. Sergio Klepacz e Lama Michel Rinpoche. É conselheira da Fundação Lama Gangchen para a Cultura de Paz.

Contatos:
www.vidadeclaraluz.com.br
belcesar@vidadeclaraluz.com.br

Anotações

7

Emoção não se escolhe!!!!

Não escolhemos nossas emoções. No entanto, podemos sim escolher e assumir a responsabilidade do que fazer com elas. Dessa maneira quanto mais conhecemos e reconhecemos nossas emoções e as aceitamos como expressão genuína do Ser, aprenderemos a lidar com elas

Roberto "Bob" Hirsch

Roberto "Bob" Hirsch

Você deve imaginar que comecei falhando nesse artigo, mas não há falha não. Não escolhemos a emoção que sentimos. Simplesmente a sentimos, em qualquer uma de suas três possibilidades: Sensação, Pensamento e a Emoção propriamente dita.

Primeiramente entendamos o que é EMOÇÃO:

Emoção é um estado de ânimo que "expressa" um sentimento relacionado a uma interpretação ou um julgamento que fazemos sobre um acontecimento, pessoa ou situação.

Essa expressão é necessária e vital para que nos sintamos como seres humanos, pois, é por meio da emoção que demonstramos o que sentimos.

Toda emoção exige uma ação. Será a partir do reconhecimento da emoção que conseguiremos expressá-la conscientemente assumindo, assim, o controle sobre as ações que elas demandam.

Os problemas surgem quando não há ação a partir de uma emoção, Ela ficará represada gerando toxinas no corpo causando doenças físicas e/ou emocionais.

Inversamente, quando a emoção é expressa, transcendemos e assumimos o controle sobre nossa vida e resultados, pois nos validamos ao escolher o como agir diante dela. Ao invés de nos identificarmos e sermos "tomado" pela emoção, conseguimos reconhecer que somos "bem mais do que a emoção", desta forma, ampliamos as possibilidades de ações efetivas, fortalecendo a assertividade, autoestima, desenvolvimento, gerando constantemente um novo aprendizado.

Podemos ampliar o nosso entendimento sobre as maneiras de expressar nossas emoções conhecendo a diferença que **há no "sentir" como sensação, pensamento e emoção.**

Existe uma certa confusão em relação ao "sentir". O sentir é utilizado e expresso de três maneiras:

1 - Como Sensação é uma percepção dos sentidos (por ex: sinto frio) e pode preceder uma emoção ainda oculta ou negada;

2 - Como Pensamento é a reflexão/conclusão. Neste caso geralmente vem uma opinião/julgamento. Exemplo: Sinto que você não me respeita. Podemos observar que nesse exemplo não há expressão de nenhuma emoção, apenas um julgamento. O ideal e saudável é que se identifique que emoção essa interpretação gerou em mim. Pode ter sido raiva, mágoa, tristeza. Quando analiso, gerencio o real significado desse "meu sentir", que se torna diferente e o sentido dele também. Uma coisa é a outra pessoa desrespeitar-me, outra coisa sou eu me sentir desrespeitado por aquela pessoa. A minha emoção está sendo gerenciada quando escolho o "como" vou agir com o meu sentimento seja ele de raiva, mágoa ou tristeza.

3 – Como emoção propriamente dita. É aqui que posso fazer uma grande distinção e escolher o como vou agir.

Agir "com a emoção" é assumir a responsabilidade pela emoção que sinto, projetando meu futuro, escolhendo a ação que terei a partir desta emoção que estou vivenciando, transformando-a em algo positivo e operando com ela para abrir possibilidades de ação efetiva. Eu observador da minha emoção: reconheço, nomeio e decido como agir, canalizando o impulso emocional de forma saudável.

Ao "agir a partir da emoção" o espaço da consciência desaparece e perco a capacidade de fazer distinções: identifico-me com a emoção e sou tomado por ela, tornando-me seu refém e agindo impulsivamente, o que em geral acarreta desfechos indesejáveis.

Os passos para gerenciar uma emoção são:
0. Gerar contexto
1. Respirar: reconheço a emoção, expando a autoconsciência, transformo-me em observador da minha emoção, ou seja, identifico o que sinto diante de tal acontecimento.
2. Não julgar: aceitar a emoção sem julgá-la. Não escolho a emoção que sinto, mas posso escolher o que vou fazer com ela.
3. Diferenciar emoção de pensamento e sensação: tenho clareza do que está ocorrendo, identificando o que sinto.
4. Referencia corporal: identificar qual parte de meu corpo (onde expresso) está associada aquela emoção.
5. Analisar a história: verificar qual história está por detrás daquela emoção. Ser crítico em relação à história (através de indagações e investigação).
6. Pensar nas possíveis ações: investigar as possibilidades que tenho de ação.
7. Escolher a resposta: tenho a liberdade de escolher como vou agir.

Reconhecemos oito emoções como básicas.

Cada emoção é proveniente de uma interpretação individual que é feita sobre determinada situação, cada uma delas possui uma história própria que a determina e constitui, surgindo como consequência de um evento que a dispara. Assim, "é vital que eu identifique a linguagem que preciso aprender a escutar ou sinais que preciso aprender a interpretar" em cada emoção.

Exemplo:
MEDO: algo ruim pode acontecer; alguém querido está em risco; ameaça de fim de possibilidades.

RAIVA: algo ruim que não devia ter acontecido ocorreu; um padrão ou limite considerado válido foi transgredido.
CULPA: raiva para comigo mesmo; fiz algo ruim que não deveria ter feito; transgredi meus próprios limites e padrões que provocaram consequências indesejadas.
TRISTEZA: algo ruim aconteceu; algo ou alguém querido se perdeu; uma possibilidade se fechou.
ALEGRIA: algo bom ocorreu; se abriu uma possibilidade; obtive algo desejado.
ENTUSIASMO: oportunidade de abertura de possibilidades; algo bom poderá ocorrer.
GRATIDÃO: aconteceu algo bom que poderia não ter ocorrido; combinação de alegria ou entusiasmo baseado no julgamento de que quem gerou isso fez algo esperado ou inesperado para mim.
ORGULHO: agradecimento feito a mim mesmo; sentimento elevado de dignidade pessoal; fiz algo bom ou produzi algo valioso para mim ou para os outros.

Cada uma dessas emoções demanda uma determinada ação.
As emoções são reativas uma vez que ocorrem após a interpretação de uma situação ou evento. Cada emoção pede uma ação específica de acordo com sua história arquetípica.

Por exemplo:
MEDO: uma ação no sentido de me proteger; tomar uma medida para diminuir o dano de não fazer.
RAIVA: reparar ou pedir reparo; fazer uma reclamação.
CULPA: oferecer reparação; pedir desculpas.
TRISTEZA: reconhecer a perda; viver o luto e cuidar da ferida.
ALEGRIA: celebrar, comemorar.
ENTUSIASMO: preparar-me para... (algo que ocorrerá)
GRATIDÃO: agradecer e dar reconhecimento ao outro; expressar gratuidade.
ORGULHO: autorreconhecimento, por agir em conformidade com meus valores.

Identifiquemos agora o custo de não transcender as emoções.
Corro o risco de entrar em um circulo vicioso no qual a emoção passa a operar como um filtro sobre a forma de eu me ver e me colocar no mundo, contaminando minha observação e a interpretação e restringindo a ação.

Ser+ com Saúde Emocional

Exemplos:
MEDO: aumentar a ansiedade e agir descontroladamente.
RAIVA: ressentimento.
CULPA: ficar remoendo e rememorando a situação. Viver uma dor permanente.
TRISTEZA: não superar a tristeza entrando em depressão e ficar paralisado.
ALEGRIA: mantenho-me apegado ao que conquistei, pois tenho medo de perder.
ENTUSIASMO: bloqueado e com isso gero ansiedade.
GRATIDÃO: ficar com uma dívida.
ORGULHO: sensação permanente de insatisfação.

E qual é o benefício de transcendermos cada uma dessas emoções?

Quando transcendemos a emoção assumimos o controle sobre nossa vida e resultados, pois reconhecemos em nós a liberdade de escolher a forma como vamos agir diante dela. Ao invés de identificarnos com ela, reconhecemos que somos bem mais que nossa emoção e por isso ampliamos nossas possibilidades de ação efetiva, nos fortalecendo enquanto humanos.

Exemplos:
MEDO: adquirir confiança e segurança, reconquistando a autoconfiança e a capacidade de enfrentamento.
RAIVA: restabelecer limites e retomar a confiança.
CULPA: ficar em paz comigo mesmo.
ALEGRIA: celebrar mais pelo que sou do que pelo que tenho (autoagradecimento).
ENTUSIASMO: aumento e geração de confiança.
GRATIDÃO: gratitude por ser (como um privilegio), encontrar prazer e paz.
ORGULHO: orgulho essencial do "Ser", melhorar e alimentar a minha autoestima.

Para concluir, me permito lhe fazer um convite: leia esse artigo na primeira pessoa do singular (usando o "eu" como pessoa/indivíduo ou observador), pois, assim terá a oportunidade de experimentar um contato com suas emoções ao colocar-se como um "real observador de si".

Experimente e depois me escreva comentando sobre suas sensações, sentimentos, emoções e aprendizados com esta experiência...

Roberto "Bob" Hirsch

CEO da OPUS SOLUÇÕES EMPRESARIAIS LTDA SZ. Mestre em Psicologia pela Unimarcos e Psicólogo pela UFMG, Especialização Adm. Recursos Humanos (FGV), Criatividade (*Creative Education Foundation - University* Buffalo-NY-USA), Dinâmica dos Grupos (SBDG). Presidente da FIACE – Federação Ibero Americana de *Coaching* Executivo (capítulo Brasil) Idealizador da Formação Internacional em *Coaching* Executivo Organizacional, base Ontológica, no Brasil. *Coach* e Master *Coach*, pela Lambent do Brasil, reconhecido pela ICC-*International Coaching Community*. Consultoria Sistêmica Empresarial, *Coaching* e Constelações Organizacionais pela Hoffmann & *Partners* Alemanha / Brasil. Instrutor credenciado para os programas de Formação de *Coaches* da Lambent do Brasil. Atua como *Coaching* Executivo, de Carreira e de Equipes em diversas empresas no Brasil e América Latina. Professor responsável pelo desenvolvimento do MBA Carreiras da ESPM - Programa de *Coach* de Carreira, para alunos dos programas MBA. Facilitador em CRIATÉGIA junto ao ILACE - Instituto Latino Americano de Criatividade e Estratégia. Acumula mais de 35 anos de experiência nas áreas de RH e Organizacional, onde atuou em funções diretivas em empresas nacionais e multinacionais. É professor do MBA e Pós-Graduação da ESPM – Escola Superior de Propaganda e Marketing, FIA/USP de São Paulo, PUC/PR de Londrina. Conferencista e Facilitador em Congressos e Seminários no Brasil e na América Latina.

Contatos:
www.opussol.com.br
bobhirsch@opussol.com.br
(11) 98588-7194

Anotações

8

Estética vocal - Um caminho para a saúde emocional

É gracioso fazer silêncio dentro de nós. Deixar fluir a quietude da paz interior para que consigamos ouvir o som que abre o coração. Rio que flui na correnteza de sons que se alternam e envolvem os seres em vibração. No silêncio podemos ouvir a mensagem que vem de dentro de nós e a mensagem do outro que chega até nós. Saber ouvir é presenciar a emoção em inteligência

Cyda Zola

Ser+ com Saúde Emocional

Cyda Zola

"Viver é afinar um instrumento, de dentro prá fora
de fora prá dentro"
Walter Franco

O universo é rítmico. Universo é som em movimento.

O mar em ondas sibilantes, o vento nas folhas, chuva, trovões. Somos constituídos de sons que se alternam e se entrelaçam em variadas melodias, partiturando o traçado da nossa existência. Nossas emoções são sons. A alegria instrumentada, a tristeza delineada em pranto, a raiva enrijecida, o medo estridente, o amor em suspiros, sons orgásticos badalando a alma de encantamento. Somos puro som, a cada amanhecer, quando deslumbramos a encantadora maestria de despertar e bocejar a vida que se instala na consciência das batidas de nosso coração.

Sonoridade pura, ampliamo-nos ao encontro de outros seres, ondas magnéticas que se atraem produzindo mais som, intermináveis sons. Falar, cantar, narrar, murmurar. Atos que exprimem nosso pensar e nosso sentir e que podem mudar o curso da vida. Não se presta atenção à voz até que ela falhe. Para um equilíbrio psicofísico é importante cuidar da voz. A qualidade da autoexpressão, através da fala ou do canto, está centrada na respiração consciente, atingida mais facilmente pela respiração diafragmática, que nos leva à consciência do nosso poder de gerenciar o equilíbrio de fragmentos de segundos da nossa vida, possibilitando que encontremos o eixo, nosso vértice.

O diafragma é um grande músculo localizado entre o estômago e os pulmões, separando a cavidade torácica da abdominal. A respiração natural acontece quando, ao inspirar, distendemos o diafragma para baixo, absorvendo o máximo de oxigênio nos pulmões, e, ao expirar, contraímos o diafragma, puxando-o para cima. Desse modo o dióxido de carbono e as toxinas são expelidos dos pulmões.

Quando estamos estressados, respiramos usando os músculos torácicos, preenchendo apenas 1/3 dos pulmões. A consciência respiratória, atingida no movimento de inspiração-expiração, controlado por contagens de 1 a 8 segundos, acalma, centraliza, oxigena o cérebro, elimina toxinas do organismo, revitaliza. Um corpo ereto e sem tensões facilita o processo respiratório e a emissão de sons. No campo do emocional esta respiração específica dissolve as emoções endurecidas. Isto ocorre, pois a inalação mais profunda e consciente amplia nosso campo de atenção. Em contato com a real emoção, temos possibilidade de identificar caminhos que resultem no equilíbrio.

A ansiedade percute um som estridente que pode ser harmonizado com o som da respiração profunda. Inalar e exalar profundamente, ritmo e movimento controlado, traz suavidade e riso. Evapora-se, com estes ingredientes, o ruidoso grito do descontrole. A tristeza tem seu ritmo. Uma tristeza bem dosada enternece o coração, aveluda a alma e abre espaço para o contracanto. Ao transformar este sentimento em som ritmado atingiremos o contraponto, que é a alegria.

Nossa voz é reflexo do que somos e de como estamos emocionalmente. Voz é o espelho da alma. Indica nosso estado de ânimo, nossa intenção, desejo. Por isto tantas associações são feitas. Vozes ardidas, amargas, "de taquara rachada", de cigarra, voz da consciência, voz de sereia. Uma voz estridente causa desconforto ao ouvinte, afastando possibilidades. Uma voz frouxa não passa confiança. A voz em tom muito elevado assusta, irrita. Em tom muito baixo, desanima, desmotiva. Uma voz infantil, no adulto, não passa credibilidade. Como identificarmos a voz ideal?

Utilizando a metáfora do guarda-roupa, devemos nos apropriar das variantes de nossa voz, assim com fazemos ao escolher uma roupa. Para cada ocasião, seu traje. O que possibilita aplicar este recurso é a consciência de como é nossa voz, lembrando que cada voz é única - nosso timbre vocal é como impressão digital -, singular. Um profissional da voz poderá melhor indicar o caminho para entrarmos em contato com nosso potencial vocal e dele fazermos uso para cada ocasião de nossa vida. Temos uma base vocal - nossa marca - com a qual as pessoas nos identificam, reconhecem-nos. Porém, podemos aperfeiçoar este mecanismo usufruindo de todas as possibilidades que uma voz bem colocada tem a nos oferecer, seja no campo da voz falada ou cantada.

A voz, com suas ilimitadas modulações, tem a capacidade de revelar o mais profundo da nossa identidade. Devemos cultivar o timbre natural, sem esforço, sem tensão. Uma forma de ser da voz é a voz que canta. Cada vez mais divulga-se a importância do cantar para nossa saúde emocional. Cantar as emoções reprimidas representa massagear a parte de nós que se atravancou, que se fechou à luz, à vida e, através de sons, ir ampliando nosso espaço interior. Um trabalho vocal possibilita expandir a consciência e, assim, encontrarmos poder pessoal.

Ao vivermos a vida de cada nota, liberamos a natureza da nossa voz, que revela nossas emoções e sentimentos em estado puro. O caráter se expressa em sutilezas. Ao emitirmos um som largo, vamos nos afinando, até que a consciência se adapte. Encontramos, neste ponto, o equilíbrio, o eixo. Em uma escala musical, cada nota tem seu significado, sua história, seu movimento interno. Saber entoar a nota com seu significado é ter consciência do sentimento no aqui-agora. Não basta emitir o som, mas ampliá-lo no consciente, com a noção da flexibilidade que o momento requer. Direcionar um trabalho para a voz é muito mais do que aquecer/desaquecer/articular. O corpo todo fala. O corpo todo canta.

Técnicas de relaxamento, consciência corporal, alongamento corporal e vocal são fundamentais no ato da fala e do canto, enquanto recursos de saúde emocional. Cada parte do corpo vai recebendo uma atenção focal e sendo massageada por sons associados às emoções trabalhadas em momentos específicos. Desta forma, há sons e movimentos para se exprimir a raiva, o medo, a alegria, a tristeza - até atingirmos a plenitude do sentimento condutor da vida - o amor. Com estes recursos fazemos alusão ao conceito de afinar-se de dentro para fora, de fora para dentro. Entonar-se é ter plenitude da mente, ter a consciência desperta. O som consciente é tal qual um fio prateado saindo de nosso interior e refletindo ao nosso redor o brilho intenso de uma emoção.

No caminho do conhecimento pessoal através do canto nos descondicionamos das críticas e aprendemos a entrar em contato com nossa voz, que se afina e melhora progressivamente através de exercícios e práticas evolutivas que, por sua vez, aumentam a estima pessoal. O exercício contínuo do canto eleva a energia psíquica e a qualidade de vida, tornando as pessoas mais felizes e rejuvenescidas. O cantar passa a ser um veículo de saúde emocional. Tão importante quanto o som, são as pausas. É necessário haver silêncio para se ter tempo de criar, recriar, sentir. Precisamos fabricar a realidade a cada instante. É fundamental ter tempo de ficar contemplando, meditando. A escuta contemplativa implica numa atitude focalizada no aqui-agora. Afinar-se é silenciar para sentir; na emissão de sons que se alongam, encontramos o tom em sua exatidão. Não jogamos fora um violão desafinado, afina-se o instrumento. O som se faz melodia. Entender isto é ser emocionalmente afinado. Precisamos aprender a reconhecer os sintomas do emocional desafinado e praticar a autoafinação a toda hora, a cada momento.

"... o mais importante e bonito, do mundo, é isto: que as pessoas não estão sempre iguais, ainda não foram terminadas - mas que elas sempre mudam. Afinam ou desafinam, verdade maior. É o que a vida me ensinou."
Guimarães Rosa - Grande Sertão: veredas

Os sons vibram em nosso cérebro, irradiam em nosso coração ondas sonoras luminosas a nos indicar a contemplação da Vida. Ouça o som do seu coração. Siga sua intuição, associada à razão de viver

Ser+ com Saúde Emocional

bem. Mergulhe na paz interior conectando-se pacificamente com todos os seres. Ame-se em plenitude, vivenciando os próprios sons e os de cada pessoa. Através da autopercepção consciente estaremos prontos a cantar em grupo. A nota harmônica que se produz pela voz em uníssono se une a outra voz e, sucessivamente, teremos vozes se afinando num único objetivo. Ressonância. O canto se libera e se enriquece quando é praticado em contextos de grupo com motivações de união e conhecimento. Nestas condições o canto se apresenta como poder curativo e criativo.

A Música tende a ser a mais acessível forma de salvação do planeta. Um grupo está afinado quando seus integrantes estão emocionalmente saudáveis. Atuar bem em grupo implica em se ter consciência do eu. Praticar a quietude diariamente; viver o momento presente. Ter uma atitude mental positiva, incentivando-se a enxergar beleza e encantamento ao seu redor. Tempo para ouvir e sentir. Tempo para o consciente fundir-se ao subconsciente. Mente ruidosa produz pensamentos inquietos, medrosos, descontrolados.

É gracioso fazer silêncio dentro de nós. Deixar fluir a quietude da paz interior para que consigamos ouvir o som que abre o coração. Rio que flui na correnteza de sons que se alternam e envolvem os seres em vibração. No silêncio podemos ouvir a mensagem que vem de dentro de nós e a mensagem do outro que chega até nós. Saber ouvir é presenciar a emoção em inteligência. Esta consciência se transforma em amor e este sentimento, em som harmonioso. Este som único é o canto que abre o coração. Um abraço sonoro.

Cyda Zola

Membro da Academia Linense de Letras. Pós-graduada em Literatura Brasileira, autora de *Poeta-Palhaço* (Ed. da autora), *Mar de Esperas* (Shogun Arte Edt.), *Uma Rosa Lais*, (Ed. Raízes), *Por uma Vida Inteira* (Ed. Scortecci), *Ponto de Partida* (Ed. Scortecci) *Veleiro Arpoador* (Ed. Scortecci). É musicista, cantora e compositora. Atua como Regente de Grupos Corais e no aprimoramento da voz falada e cantada para atores, cantores e palestrantes.

Contatos:
cydazola@gmail.com
cyda. zola@facebook.com

Anotações

9

Coaching para potencializar sua saúde emocional

Coaching é uma metodologia de desenvolvimento do potencial humano que pode oferecer a possibilidade de uma viagem interna, para acessar seus sentimentos e revitalizar sua saúde emocional

Douglas de Matteu & Teodomiro Fernandes da Silva

Douglas de Matteu &
Teodomiro Fernandes da Silva

Abordar sobre o tema *Coaching* e saúde emocional é indubitavelmente uma tarefa estimulante, agradável e também desafiadora. Isto porque *Coaching* é uma metodologia de desenvolvimento do potencial humano e saúde emocional tem a ver com o comportamento do ser humano em sua mais profunda dimensão.

Desafiador porque ambas as dimensões, *Coaching* e saúde emocional, são assuntos novos, muitos estudos têm sido feitos nos últimos vinte anos sobre essas duas áreas do conhecimento.

Saúde emocional está relacionada com educação emocional. Tradicionalmente, há uma preocupação maior pela dimensão cognitiva no âmbito escolar e esquecendo-se da educação emocional.

Esta abordagem será caracterizada mais pela sua aplicabilidade do que pelo seu aprofundamento técnico-científico. Serão abordados encaminhamentos que conjugam essas duas dimensões, procurando contribuir tanto do ponto de vista de pessoas interessadas pela disciplina *Coaching* como pelas questões da saúde emocional.

Coaching e emoções

Ao analisar alguns conceitos de *Coaching* vamos perceber o quanto essa atividade envolve o comportamento humano, e falar de comportamento humano implica em envolvimento de suas dimensões cognitivas e afetivas. Pois nossas dimensões fundamentais são pensar, sentir e agir. *Coaching* é uma "relação profissional contínua que ajuda as pessoas a alcançarem resultados extraordinários em suas vidas, carreiras, atividades comerciais ou empresas. Através do processo de *Coaching*, os clientes aprofundam o conhecimento, aperfeiçoam seu desempenho e melhoram sua qualidade de vida".

Percebe-se que a atividade de *Coaching* tem uma estreita relação com a saúde emocional, já que as emoções têm um componente social importante, tanto que se aprendem na relação social, como quando as ações que as levam têm consequências sociais.

Se o *Coaching* realça a melhoria da qualidade de vida das pessoas, a saúde emocional das pessoas tem uma relação direta com a necessidade de educação emocional e, como dizem muitos escritos, desenvolver a inteligência emocional.

Por sua vez, para Timothy Gallwey, apud Withmore (2010) "*Coaching* é uma relação de parceria que revela e liberta o potencial das pessoas, de forma a maximizar o seu desempenho. É ajudá-las a aprender, ao invés de ensinar algo a elas".

Portanto, é clara a ideia de que o *Coaching* baseia-se em uma concepção positiva das capacidades humanas de gerar saúde e bem-estar às pessoas ou ao *coachee*.

A inteligência emocional e *Coaching*

O conceito de inteligência emocional popularizou-se em meados dos anos noventa com a publicação do livro de igual título de Daniel Goleman, mesmo que se diga que este conceito e o conjunto das teorias que envolvem esse assunto foram estudados por outros pesquisadores anteriormente.

A importância desse conceito é que o mesmo traz uma visão nova da inteligência na qual as emoções adquirem um papel preponderante no desenvolvimento da pessoa, na sua capacidade de viver com saúde emocional, e de estabelecer relações benéficas com o meio em que vive.

Como afirma Bisquerra (2003) "daí deriva uma forma de inteligência do tipo emocional e intuitiva que traz uma maior flexibilidade e criatividade nas relações da pessoa com o seu entorno. Essa capacidade implícita das pessoas necessita ser descoberta e educada como outras habilidades humanas".

Na atividade do profissional de *Coaching* este assunto é presente e envolve situações problemáticas na atividade profissional, pessoal, na sua própria saúde, nos desajustes da alimentação, levando à obesidade e resistências nas formas de apresentação em seu comportamento.

Hoje em dia muitos especialistas têm se preocupado com recursos e ferramentas baseados em princípios de *Coaching*, da inteligência emocional e da liderança em que as pessoas possam experimentar espaço de aprendizagem no trabalho, na família ou com os amigos desde a diversão e jogos.

Para Moisés, criador do BIOPOLIS[1], por exemplo, é um jogo de ação intensa que permite a pessoa descobrir o seu lado mais humano e o dos demais jogadores, desenvolvendo suas habilidades pessoais, criando alianças, superando momentos de crises e desfrutando de situações de sorte inesperada.

A prática do *Coaching* e saúde emocional

Como aplicar os conhecimentos sobre inteligência emocional na prática do *Coaching*?

Para responder a essa pergunta vamos considerar as etapas de uma sessão de *Coaching*, já que representam o "momento da verdade" entre o *Coach* e o *Coachee*. São nas sessões de *Coaching* que o profissional de *Coaching* e o *coachee* desenvolvem relacionamentos e interações capazes de levar a resultados benéficos para o *coachee* em pouco tempo.

Para isso, vamos utilizar como exemplo a ferramenta de *Coaching* denominada "perguntas poderosas". Outras ferramentas, a partir da apresentação abaixo, podem ser criadas e desenvolvidas por profissionais de *Coaching*.

Podemos pensar na criação da Roda da Saúde Emocional, no *Feedback* 360º, voltados para a saúde emocional.

Se utilizarmos a orientação de Withmore (2010) no processo de realização de uma sessão de *Coaching*, em situação em que o *coachee* tenha como seu objetivo desenvolver maior equilíbrio emocional, podemos dar o seguinte encaminhamento abaixo.

Guia para um processo de *coaching*[2]

G	R	O	W

[1] Para mais informações consulte: http://www.coachinggames.net/biopolis/

Goals (metas): o que você quer?	Reality (realidade): exploração da situação atual. O que está acontecendo agora?	Options (opções) estratégias, alternativas ou cursos de ação. O que você poderia fazer?	Will (querer): (What/When/Whom) O que será feito, Quando, Por Quem e o Desejo de fazê-lo. O que você vai fazer?

Estabelecimento de metas

Lembre-se de que o estabelecimento de metas é feito pelo próprio *coachee* com o apoio do *Coach*, toda sessão de *Coaching* é iniciada com a determinação de metas para a própria sessão.

E no caso em que o *coachee* percebe a necessidade de se desenvolver potencialidades voltadas para questões de ordem emocional, ele próprio manifestará essa necessidade.

Se utilizarmos nossos conhecimentos mais simples, saberemos que as emoções são positivas, negativas e outras são consideradas ambíguas. Podemos considerar como emoções negativas o medo, a ansiedade, a tristeza, a vergonha, a aversão.

Veja que o desdobramento dessas emoções são traduzidas sob diversas formas de manifestações no comportamento do *coachee*, e podem estar associadas à falta de ousadia, de coragem para o enfrentamento das dificuldades na sua vida pessoal e profissional, o desânimo, a falta de consciência de suas próprias potencialidades.

O que o *coachee* pode estar buscando é maior qualidade de vida, traduzida nas emoções como positiva, tais como: a alegria, o bom humor, a felicidade.

Outras classificações de emoções consideradas como ambíguas são a surpresa, a esperança, a compaixão.

A seguir, alguns exemplos de como podemos proporcionar ao *Coachee* a busca pela sua saúde emocional utilizando-nos de perguntas poderosas: quais aspectos de suas emoções gostaria de trabalhar? Que tipo de resultado em suas emoções espera ao final desta sessão de *Coaching*? Em longo prazo, qual é a sua meta relacionada a suas emoções? Qual o tempo para isso? Quais os passos intermediários e quando acontecerão? Avalia que essas metas são desafiadoras e com riscos calculados? Você é orientado para resultados, com empenho em atingir objetivos e padrões?

Ao estabelecer metas e objetivos, o *Coach* deve ter em mente que as emoções negativas se desenvolvem em face a acontecimentos que são valorados como uma dificuldade para alcançar os objetivos do *coachee*. Entretanto, ante a percepção de acontecimentos que supõem impulso para alcançar os objetivos pessoais, se experimentam emoções positivas.

Conhecendo melhor a realidade do *coachee*

Como bem nos ensina Whitmore (2010), "quando a realidade estiver cla-

[2]Fonte: Whitmore, J. 2010.

Ser+ com Saúde Emocional

ra, as metas podem ser levadas a um foco mais aguçado ou até alteradas se a situação acabar sendo um pouco diferente do que se pensou anteriormente".

Como podemos desenvolver e conhecer mais a realidade do *coachee* levando em consideração a busca da melhoria da saúde emocional? Que tipos de perguntas poderosas podemos formular para tornar essa realidade mais presente para o próprio *coachee*?

Baseando-se em estudos realizados por Goleman (2000) apresentamos abaixo um conjunto de perguntas que facilitam o desenvolvimento das potencialidades do *coachee* na busca por uma melhor qualidade de vida e de saúde emocional.

A realidade do seu *Coachee*

Veja a seguir o que o *Coach* poderá utilizar para conhecer melhor o estado emocional do *coachee*. Atente-se! Esta é uma situação difícil, pois depende do grau de confiança e qualidade do *rapport* criado durante a sessão. Essas perguntas são exemplos e devem ser adequadas conforme a situação.

Perguntas para reflexão: você sabe quais emoções está sentindo e por quê? Você se dá conta dos elos entre seus sentimentos e o que pensa, faz e diz? É consciente dos seus pontos fortes e dos seus pontos a desenvolver? Consegue refletir, aprendendo com sua experiência? Mostra-se aberto a comentários francos, novas perspectivas, aprendizado constante e autodesenvolvimento? É capaz de mostrar senso de humor e de ter uma visão crítica sobre si? Apresenta-se de maneira segura? Qual é o problema aqui, o ponto central da questão relacionada com as suas emoções?

As opções do seu *Coachee*

Após conhecida a realidade em relação ao que se propõe acima o *Coach* proporciona ao *Coachee* escolhas para o desenvolvimento do seu potencial concernente à sua inteligência e saúde emocional.

Você examina soluções originais para os problemas? O que você poderia fazer para melhorar as suas emoções? Qual o levaria ao melhor resultado na busca do seu equilíbrio emocional? Quais são as diferentes maneiras pelas quais poderia lidar com as suas emoções? Quais destas soluções lhe atraem mais, ou sente que seria melhor para você? Qual daria a você maior satisfação?

O que fazer?

Por fim, o *Coach* facilita ao *Coachee* as suas tarefas, o seu compromisso com ele mesmo, objetivando mudança comportamental e de atitude.

Qual opção, ou opções, escolhe para educar a sua emoção? Em que medida ela atende a todos os seus objetivos? Que apoio necessita e de quem? Há algo mais que queira falar sobre suas emoções ou terminamos? Como considera que aprende a melhorar o meu desempenho? Como deseja gerenciar bem seus sentimentos impulsivos e emoções aflitivas? Numa escala de 1 a 10, quais seus comprometimentos em seguir as ações combinadas?

Referências
BISQUERRA, R. Educación emocional y bienestar. Barcelona: Praxis: 2003.
Goleman, Daniel. Liderança com a inteligência emocional. Resumo detalhado de artigo publicado no Harvard Business Review, 2000.
Whitmore J. *Coaching* Para Performance: Aprimorando Pessoas, Desempenhos e Resultados Competências Pessoais para Profissionais. Rio de Janeiro: Qualytimark, 2010.

Douglas de Matteu & Teodomiro Fernandes da Silva

Douglas de Matteu
   Mestre em Semiótica, Tecnologias da Informação e Educação, especialista em Marketing e EaD, Administrador de Empresas. *Master Coach* com reconhecimento internacional ICI, ECA, GCC e Metaforum. *Practitioner* em PNL. Docente Universitário. Presidente da Associação Brasileira dos Profissionais de Marketing e do Instituto Evolutivo - *Coaching* & Marketing. Desenvolve treinamentos, palestras e *Coaching*. Coautor dos livros: *Manual Completo de Coaching* e *Master Coaches*.
Contatos:
www.institutoevolutivo.com.br
douglasmatteu@hotmail.com
(11) 3419-0585

Teodomiro Fernandes da Silva
   Master Coach, Business Coach e *Professional & Self Coach* pelo Instituto Brasileiro de *Coaching* (IBC) com certificação reconhecida pela *Global Coaching Community* e *European Coaching Association*. É *trainer training* e *advanced coach* sênior do IBC. Consultor empresarial certificado pelo Conselho Regional de Administração e Fundação Getulio Vargas. Sócio-fundador da *International Coach Federation* – ICF, Chapter Mato Grosso do Sul.
Contatos:
teodomiro@ucdb.br
(67) 8145-2609

Anotações

10

Postura, Pilates e estado emocional

81

Pilates é um programa de exercícios, mas possui um incrível poder de recuperar pensamentos positivos e a autoimagem de seus praticantes a partir da correção postural, a consciência corporal e a respiração livre. Corrigir a postura corporal pode ser um passo decisivo para incorporar estados emocionais equilibrados e positivos

Frederico Costacurta

Frederico Costacurta

Postura e imagem social

Sua postura corporal reflete o estado interior. Ambos, postura e estado interior, foram construídos em paralelo ao longo da vida. Mexemo-nos automaticamente, acionados por uma programação incontrolável, que teve início na vida intrauterina e, segundo especialistas, solidificou-se até o final da primeira infância. Isto significa que as experiências por que passamos até a idade aproximada de sete anos terão grande probabilidade de refletir em toda a vida, em hábitos, pensamentos, emoções e movimentos! Chegamos à idade adulta e percebemos que nossa rotina motora (a forma como nos movimentamos) e nossa postura (nossos vícios) podem criar tensões e dores. Sentimos, também, que a forma como nos apresentamos pode provocar reações sutis nas pessoas ao nosso redor. Acolhimento ou repulsa, admiração ou compaixão, sintonia ou afastamento. "Por que será que meus alunos não me respeitam?" ou "As pessoas me tratam como se eu fosse mais forte do que realmente sou..." São relacionamentos intuitivos e baseados em estímulos emocionais. E podemos "ajustar" esses estímulos. Pode ser possível deixá-los mais naturais, mais autênticos. Eles podem assumir uma versão atual, de acordo com a realidade do momento e mais livres da influência de uma época de maior vulnerabilidade emocional. A postura pode refletir o "estado de seu psiquismo", expressando uma linguagem corporal própria. Quem está triste, por exemplo, apresenta uma postura arqueada, ombros curvados, como se carregasse "o mundo em suas costas". É uma posição que desperta o sentimento de compaixão nos outros e favorece o aparecimento de dores. E dores nas costas merecem especial atenção pela simbologia e pela influência na vida e no bem-estar das pessoas. Especialistas concordam que o bom funcionamento da coluna afeta a capacidade de levantar pesos, executar trabalhos e, até, na atividade sexual. A região lombar possui papel importante nas atividades básicas da vida, como "opor-se", "manter-se", "curvar-se", "ceder"... Seria o nó das lutas e dos fracassos. É simples concluir que situações que afetam a estabilidade e a segurança do indivíduo podem ser causadoras de dores nas costas.

Sim, e agora? Trato minhas costas, melhoro a postura e recupero a felicidade? Simples assim?! Não. As informações acima nos ajudam a compreender a origem de certas dores. E, portanto, os primeiros caminhos a serem percorridos para tratá-las. Por que estarei triste? Por que seria difícil para eu assumir essa tristeza? Ela é real ou imaginária? Será que exagero a importância do que a causa e desprezo tantas outras situações que podem me fazer muito feliz? Corrigir a postura, alinhar seu movimento, cuidar de si, pode ser um importante passo para observar o mundo a partir de um ângulo diferente. E, em resposta, ser observado por ele também diferentemente. Tenho acompanhado, no dia a dia, pessoas que, ao assumirem posturas diferentes, redescobrem seu mundo. Um círculo virtuoso, pois ao ganharem uma renovada autoestima, corrigem ainda mais sua postura e preservam sua coluna vertebral e sua imagem, para si e para todos à sua volta!

Pilates

Chegamos, então, a uma fantástica ferramenta. Pilates é um exercício que revoluciona o movimento, as ações de força e a expressão de nossa realidade interior. Esta revolução é algo, ainda, pouco percebido por instrutores e praticantes de Pilates. É uma técnica de exercícios que, mesmo quando aplicados de forma mecânica e conservadora, já produz resultados animadores. Seu potencial pode ser ampliado exponencialmente. Joseph Pilates captou a essência "muscular" das emoções e propôs práticas modeladoras diferenciadas. Mas, a consideração da "realidade interior", pelo menos por parte do instrutor – a princípio –, transforma-se no passaporte para esse benefício extra. Caso seja um praticante, ou deseja sê-lo, reflita sobre o que suas conquistas "físicas" estão provocando em sua autoestima e nos seus relacionamentos. Procure perceber o que surge em seu imaginário ao posicionar seu queixo na horizontal, cervical alongada, ombros relaxados, abdômen acionado e respiração natural, lenta e profunda. Joseph Pilates não estaria surpreso. Já nos meados do século passado, aquele alemão que escolhera Nova Iorque para viver e trabalhar imaginava uma revolução nas técnicas de treinamento. Com algumas décadas de atraso, o método Pilates de exercícios popularizou-se e está disponível em diversos formatos, mas sua característica central permanece: o foco é a região abdominal, que, ativada internamente, cria um cinturão de proteção para a base da coluna vertebral. O primeiro desafio é deixar de lado vícios e antigos padrões de movimento que, durante anos, foram se instalando em nossa "maneira de ser". Músculos esquecidos, articulações tornadas rígidas, respiração incompleta e um incrível desconhecimento de nosso próprio corpo. Não é à toa que é muito comum encontrar alguém reclamando de dores nas costas, ombros, pescoço... A técnica criada por Pilates promove o fortalecimento e o alongamento de músculos necessários à boa postura; as articulações recuperam sua mobilidade natural, especialmente na coluna vertebral, onde há uma liberação dos espaços entre as vértebras e o resultado é um grande alívio de dores causadas por "pinçamentos" de nervos.

O controle corporal é outra característica importante do Pilates. Ao longo do tempo, o praticante vai percebendo a individualidade de suas estruturas corporais e aprende a mover cada uma delas de forma isolada, economizando energia e prevenindo o estresse causado por compensações desnecessárias. Por exemplo, é comum observar pessoas elevarem seus ombros ao fazerem força com os braços; o movimento dos ombros não vai aliviar a carga sobre os braços e surgem tensões e dores. Outro efeito é o respeito ao ritmo natural da respiração e a utilização plena dos pulmões, o que promove oxigenação e melhor assimilação de nutrientes nas células.

Além de exercícios no solo e nas bolas, a técnica utiliza aparelhos especiais, que têm sua carga definida por molas com diferentes graduações. Atletas e esportistas têm utilizado o Pilates para melhorar seu desempenho, profissionais têm prevenido dores decorrentes de má postura, assim como pessoas de idade mais avançada têm utilizado a técnica para melhorar seu rendimento nas tarefas do dia a dia. Devido ao trabalho intenso dos músculos internos da região abdominal, é comum ouvir-se relatos de melhora de funcionamento de órgãos nessa região: cólicas, prisão de ventre, digestão difícil, gases, são sintomas que têm deixado de ser percebidos por quem pratica Pilates. O resultado é tão surpreendente que já se confunde Pilates, um autêntico programa de exercícios, com tratamento de diversos desequilíbrios físicos.

Em minha experiência de mais de dez anos com esta técnica, percebo que o mais interessante e perceptível efeito criado pela prática de Pilates acontece no interior das pessoas. Ao corrigir postura, estamos corrigindo nossa forma (o ângulo) de ver o mundo e a forma com que o mundo nos vê. Uma renovada autoestima, confiança e segurança são percebidos por amigos e parentes, que costumam dizer: - "Ei, você está diferente... Já sei: fez plástica!"

Respiração e o peso do mundo sobre nossos ombros

Várias modalidades esportivas são eficientes desinibidores da respiração. Pilates é uma das mais poderosas. Sem a respiração correta os exercícios ficam mais difíceis de serem executados. Sim, o desafio é tornar prática esta consciência. Vícios de respiração podem ter origem no campo das emoções e diminuí-los passa pela revisão da "postura emocional" da pessoa. Nem sempre há esta disposição. Um ato tão comum, necessário, repetido desde o nascimento, e tantas pessoas com grande dificuldade para realizá-lo com equilíbrio, leveza, plenitude! Esta irregularidade da respiração afeta o metabolismo.

Ser+ com Saúde Emocional

A queima dos nutrientes por nossas células depende do oxigênio. Qualquer queima precisa de oxigênio. Sem ele, as células têm seu desempenho comprometido e a gordura em excesso no sangue não é completamente eliminada. Os órgãos - compostos por tecidos que, por sua vez, são formados por células - funcionam a "meia carga". Com o tempo, o risco de desequilíbrios mais graves e doenças passa a ser preocupante. O que acontece com o ar ao entrar nos pulmões? A troca gasosa - gás carbônico por oxigênio -, os brônquios, bronquíolos e alvéolos, antes atrofiados e, depois, ativos, energizados e promovendo intensa atividade e vitalidade. E, através da experiência da respiração intensa e plena, podemos observar nossas emoções, suas origens e "atualizá-las".

Pessoas que refletem em sua postura, sua coluna e seu humor, a sensação de "carregar o mundo nas costas", curvam-se à frente, elevam os ombros e dirigem o olhar ao chão. Sua respiração é curta, quase ofegante. Tentam inspirar autossuficiência e orgulho. Afinal, carregam "um mundo" nas costas, mas as costas doem. Ao "tratar" a postura, corrigimos o "ângulo de visão" da pessoa. O horizonte é a mira. Relaxamos os ombros, suavemente alocamos as escápulas em direção à cintura, acionamos o abdômen em direção à lombar, alongamos a cervical com o queixo na horizontal e respiramos lenta e profundamente. Neste quadro, fazemos exercícios, caminhamos, descemos escadas, dirigimos. Com o tempo, o mundo perde peso, a pessoa posiciona-se melhor em relação a ele e relaciona-se de forma mais completa com seus "habitantes". O alívio das dores nada mais é do que a sensação de leveza. O mundo, então, não pesa. A liberdade de escolher o que se leva às costas prevalece. Olhe bem. O que é isso aí atrás, sobre seus ombros?!

Frederico Costacurta

Personal & Professional Coach, Professor de Educação Física, Instrutor de Pilates, Mestre em Desenvolvimento Regional e Meio Ambiente. É o criador da metodologia Tonus de Pilates, há mais de dez anos. Palestrante, escritor e *practitioner* de PNL, tem apresentado diversas dinâmicas, cursos, oficinas sobre qualidade de vida, arte oratória, meio ambiente, saúde, turismo, sustentabilidade, liderança, motivação. É *Coach* formado pela Sociedade Brasileira de *Coaching* e tem acumulado experiência com atendimentos presenciais ou pela internet, especialmente em *Coaching* para empresários, para emagrecimento, vocacional, para quem vai prestar concursos públicos e para consolidação de carreiras.

Contatos:
fred@falarefazer.com.br
(73) 9137-9201

Anotações

11

O que é Nutrição Funcional

A Nutrição Funcional é uma ciência integrativa que busca prevenir e tratar doenças, mas sempre agindo na causa. Para tanto, o profissional atuará, conforme a necessidade de cada indivíduo, melhorando a saúde intestinal, eliminando os alimentos alergênicos, introduzindo alimentos anti-inflamatórios e antioxidantes, alternando os tipos de gorduras usados na dieta, modulando a produção hormonal e muito mais

Gabriel de Carvalho

Gabriel de Carvalho

A Nutrição Funcional é uma ciência que analisa as pessoas e o organismo humano a partir dos processos metabólicos que regem o delicado equilíbrio entre saúde e doença. Estes processos são oito e se inter-relacionam mutuamente, como em uma teia, e, conjuntamente a genética única de cada indivíduo, resultam exatamente em quem somos hoje. A Teia das inter-relações metabólicas da Nutrição Funcional, cujos elementos serão abordados ao longo deste capítulo, considera como elementos fundamentais na manutenção da saúde ou na geração de doenças, os seguintes oito processos: adequação nutricional, equilíbrio imunológico e inflamatório, equilíbrio oxidativo-redutivo, saúde gastrointestinal, equilíbrio estrutural, processos de detoxificação, equilíbrio neuroendócrino e interações corpo mente.

Além destes, durante o atendimento do paciente/cliente, o nutricionista interessa-se profundamente pela pesquisa dos "antecedentes" da queixa emocional específica, ou seja, quando ela iniciou, o que estava ocorrendo na vida naquele momento, em que momento do dia ou do mês os sintomas são piores, o histórico familiar de saúde – doenças, como a pessoa reage a diversas substâncias químicas (como medicamentos, poluentes e odores, por exemplo), se tem alergia a algum produto (medicamentos, alimentos, inalantes ou de contato). Todos estes elementos influenciam sua saúde emocional.

Saúde Gastrointestinal
O intestino tem profunda influência sobre a saúde emocional. São sete as funções do nosso trato gastrointestinal: digestão da comida, absorção de nutrientes e excreção do que não foi aproveitado são as mais lembradas. As quatro menos lembradas são a função endócrina, há muito sabe-se que o intestino produz muitos hormônios; detoxificativa, pois é o segundo órgão mais importante do corpo na eliminação de toxinas, em primeiro está o fígado; imunológica, além de sabermos que uma em cada quatro células de nosso intestino é imunológica, é nele onde ocorre o amadurecimento destas; e finalmente CEREBRAL, o intestino contém mais de 100 milhões de neurônios e, por isso, é chamado de segundo cérebro. Além deste surpreendente dado, é fundamental sabermos que 90% das fibras nervosas que ligam os neurônios intestinais com os do cérebro apenas levam informação no sentido intestino-cérebro, o que acaba por aumentar ainda mais a importância do que ocorre no ambiente intestinal como influenciador da saúde emocional.

Apesar de pelo menos 90% da serotonina produzida no corpo ser feita no intestino, ela apenas é usada ali mesmo ou liberada na circulação sanguínea, mas não entra pelos nervos em nosso cérebro, como se poderia crer. A influência do intestino nas emoções ocorre por outras vias. Em muitos indivíduos, a microbiota intestinal, antigamente chamada de flora, irá fermentar nutrientes, gerando substâncias estranhas ao corpo, com nomes como cadaverina, putrescina, metilamina, etilamina, gluteomorfina ou caseomorfina. Estas substâncias são absorvidas pelo intestino e, através da circulação sanguínea, chegam ao cérebro, onde entram e se ligam a receptores, onde normalmente atuam neurotransmissores, alterando assim a função cerebral e desequilibrando as emoções, gerando compulsões, ansiedade, depressão, irritabilidade e muitos outros sintomas.

Outra possibilidade é a ocorrência de uma inflamação crônica e leve (ou não) no intestino, decorrente de uma microbiota alterada (chamada tecnicamente de disbiose), parasitoses ou mesmo de alergias a alimentos, todas situações muito comuns, que irão ativar as células imunológicas intestinais a consumir uma substância fundamental para síntese do famoso neurotransmissor serotonina, o triptofano, e assim, nosso cérebro, bem como o próprio intestino, não terá como produzir este importante neurotransmissor, uma das chaves do bom humor.

Alergias alimentares
Mau humor, ansiedade, irritabilidade, *déficit* de atenção, hiperatividade, depressão e até a síndrome do pânico foram encontradas com frequência muito maior em indivíduos alérgicos do que em não alérgicos. Neste contexto, alimentos como os cereais que contém glúten, com destaque para o trigo; os alimentos lácteos, como queijos e leite; e ainda açúcar, café, corantes e conservantes têm sido implicados como grandes causadores de reações. Algumas vezes as alergias podem ter manifestação única e exclusiva emocional, mas com frequência, outros sinais e sintomas existem, como enxaquecas, dores de cabeça, rinite, asma, alergias de pele, dificuldades na evacuação, dores articulares ou musculares. O alimento ao qual uma pessoa tem alergia pode ser exatamente o qual ela mais ama. A adição existe exatamente pelos efeitos cerebrais do alimento alergênico.

Inflamação crônica e formação de radicais livres
O tecido cerebral é muito suscetível ao ataque dos radicais livres, pois contém grandes quantidades de gordura, consome grandes quantidades de oxigênio e depende completamente de nutrientes provindos da alimentação para proteger-se dos radicais livres do oxigênio, já que não possui um sistema antioxidante interno muito eficiente. Há muito se sabe que estes dois processos ocorrem em inúmeras doenças neurológicas, como Alzheimer, Parkinson, Esclerose

Múltipla; a novidade é que este mesmo problema pode ocorrer em muitos casos de depressão!

O descontrole desses processos levará à perda de neurônios e, desta maneira, à perda progressiva do funcionamento cerebral, se não for tratado. Minerais como selênio, ferro, zinco, cobre e manganês são fundamentais de serem avaliados e estarem ótimos no sangue de cada indivíduo para equilibrar o sistema imunológico, a produção de radicais livres e, assim, garantir uma ótima saúde cerebral e emocional. Suas quantidades precisam ser adequadas por meio de uma ótima nutrição, já que tanto a deficiência quanto o excesso são danosos. Vitaminas como a vitamina D tem ação importante sobre o tecido nervoso e sua síntese, dependente da exposição ao sol e do mineral boro, tem impacto sobre a regeneração de todos os nervos, além de modular funções imunológicas dentro do cérebro. O consumo de frutas roxas, verduras ricas em carotenoides e sementes traz ao cérebro vários nutrientes protetores que, com o uso continuado, contribuirão para o melhor desempenho cerebral e proteção contra a inflamação crônica e radicais livres.

Metais tóxicos e seu bloqueio sobre os minerais nutricionais

Que nosso planeta está muito poluído, todos sabem. Nossa água recebe imensa quantidade de produtos químicos para ser tratada, incluindo metais como cloro, flúor e alumínio. Os alimentos são tratados com agrotóxicos e fertilizantes, que contribuem para elevar a concentração de metais tóxicos no solo e, assim, dentro do organismo vegetal e animal. Desta forma, não poderia ser diferente com o corpo humano: chumbo, cádmio, mercúrio, alumínio, níquel, arsênico e muitos outros são ingeridos, bebidos e inalados diariamente por todos, em pequenas quantidades e, após anos de exposição constante, podemos estar intoxicados.

Entre as diversas ações destes metais, há o estímulo à produção de radicais livres e a inflamação, alteração a renovação celular, e bloqueio a ação dos minerais nutricionais. Com isso, temos degradação de neurotransmissores e lesões aos neurônios, podendo gerar desequilíbrios emocionais de todos os tipos, de acordo com o metal específico e a região do cérebro em que este se concentra, bem como as deficiências nutricionais específicas e tendências genéticas de cada um.

Há muito se sabe que a intoxicação por chumbo está relacionada à depressão. Trabalhos mais recentes têm relacionado à intoxicação por mercúrio e síndrome do pânico, por exemplo, ligando o número de obturações de amálgamas a ocorrência desta importante síndrome. Mas como descobrir se estou intoxicado? Através da análise do cabelo, sangue e urina. A análise do cabelo pode ser feita no Brasil ou no exterior e o cabelo é o tecido de eleição de acordo com a Organização Mundial da Saúde. Entretanto, uma análise de sangue e urina tem mostrado resultados bastante confiáveis, desde que a interpretação seja feita por profissional habilitado, uma vez que os valores de referência informados não são úteis para quem deseja uma ótima saúde emocional, mas apenas para tratamento de intoxicações agudas.

Gorduras: essenciais!
Você sabia que seu cérebro é composto por cerca de 60% de gorduras? As gorduras que você coloca no seu prato e na sua boca serão exatamente as mesmas que compõem o seu cérebro. Daí vem uma conclusão direta: mude as gorduras que você come e mude a composição do seu cérebro! A composição de gorduras muda a forma como seu cérebro funciona. Três tipos de ácidos graxos (nome da unidade básica que forma as gorduras) tem impacto especial na saúde cerebral: ácido araquidônico (AA, um ômega 6) e EPA e DHA (ambos ômega 3).

A alimentação habitual não carece de AA, pois é encontrado nas carnes (gado, frango ou suína) e na gema dos ovos. EPA e DHA, entretanto, são muito carentes em nossa alimentação, uma vez encontram-se exclusivamente em peixes em quantidades apreciáveis. Assim, torna-se fundamental aumentar o consumo de peixes selvagens de mar, como a sardinha, anchova, tainha e muitos outros, que precisam ser consumidos em pelo menos duas refeições por semana. Além disso, para a ótima formação de todas as células nervosas, há outro nutriente essencial: a colina. Ela está presente em alta concentração na gema dos ovos, e faz parte da estrutura de todos os nervos e neurônios, afetando de forma muito favorável seu funcionamento. Infelizmente o consumo de ovos no Brasil está muito abaixo do desejado e, assim, a saúde do cérebro de todos está prejudicada. Duas ou três unidades por semana não são suficiente.

Além destes aspectos, outros minerais como o magnésio, cálcio, zinco e as vitaminas do complexo B e C têm profunda influência sobre a saúde emocional, pois estão diretamente envolvidos nas diversas reações químicas que originam nossos neurotransmissores. Ainda devemos lembrar-nos do papel fundamental do hormônio tireoidiano T3 na produção de dopamina, neurotransmissor associado ao bom humor e a felicidade. Com isso, ao final deste capítulo, espero que tenha ficado claro o papel essencial que a Nutrição Funcional tem na garantia da saúde emocional de todos nós.

Gabriel de Carvalho

Nutricionista e farmacêutico bioquímico. Introdutor da Nutrição Funcional no Brasil em 1999. Diplomado pelo T*he Institute for Functional Medicine* (primeiro latinoamericano). Diplomado pela Sociedade Gaúcha de Medicina Biomolecular e Radicais Livres. Diplomado pelo *Center for Mind-Body Medicine*. Editor da primeira página de Nutrição Funcional do Brasil, no ar desde 2002, www.funcional.ntr.br. Professor ministrante de cursos de extensão e pós-graduação no Brasil, Argentina, Portugal e Espanha. Fundador, ex-presidente, membro e presidente de honra da Sociedade Brasileira de Nutrição Funcional – www.sbnf.com.br. Diretor do Instituto de Nutrição Avançada – INA – www.inavancada.com.br, primeira entidade a promover educação a distancia em Nutrição Funcional, através de aulas online (vídeo aulas), DVDs e DVD-ROM.

Contatos:
(51) 3224-4046
www.facebook.com/inavancada

Anotações

12

Estado de Alerta

A vida moderna com todas suas facilidades nos deu de presente também uma carga de emoções, que nem sempre são boas. Vivemos em estado de alerta com a violência, com as pressões e com as mudanças nos modelos de relacionamentos. Estudos mostram o quanto as emoções influenciam a saúde física e emocional. O mundo mudou rapidamente, mas nosso organismo não teve o mesmo tempo para se adaptar, é preciso aprender rapidamente a vivenciar as emoções de forma que não adoeçamos ou morramos. Nossa saúde emocional está em sinal de alerta

Lunice Dufrayer

Ser+ com Saúde Emocional

Lunice Dufrayer

Vivemos em uma sociedade altamente competitiva, em uma realidade econômica que nos obriga a sermos os melhores. A pressão se inicia na infância, uma vez que para podermos oferecer um futuro melhor dos nossos filhos necessitamos de abastecê-los de conhecimento para o que vem pela frente. Na vida adulta nos sentimos pressionados a sermos nota 10, pai ou mãe, marido ou esposa, profissional, filho (a), amigo (a), namorado (a), estudante, todos nota 10. Toda sociedade espera que você seja o melhor em tudo, e o que é pior, também cobramos de nós mesmos sermos o supra-sumo em todos os papéis que desempenhamos como pessoa.

Concordo que, se não nos dedicarmos, perderemos a chance de ter uma vida melhor nessa sociedade capitalista. Deixe-me pontuar aqui que também não sou uma radical, e não é isso que vim defender aqui. Bem, mas se temos que viver melhor, pelo menos que seja com qualidade, com saúde física e emocional.

A OMS (Organização Mundial de Saúde) define saúde como sendo "um estado de completo bem-estar físico, mental e social e não somente ausência de afecções e enfermidades". Partindo desse pressuposto, o que percebo é uma sociedade "doente", pelo menos é essa a realidade que vivo em consultório, e você deve estar pensando: "mas quem procura terapia realmente está doente!", é verdade! Mas são poucas as pessoas que percebem que estamos vivendo uma epidemia e procuram um modelo diferente de vivenciar as coisas.

Todas as pessoas em algum momento, para não dizer cotidianamente, se definem como "estressadas". Estresse é definido como um desequilíbrio entre as solicitações que lhes são feitas e os recursos de que dispõem para responder a essas solicitações. E é exatamente o nível do que nos tem sido solicitado é que tem desencadeado uma corrida desenfreada para alcançar os recursos necessários para o tão almejado sucesso. O número de habilidades e conhecimentos para nos tornarmos profissionais respeitáveis é uma loucura, e esse é o ponto de referência para todos os papéis.

A OMS estima que em uma década cerca de 20% das pessoas que vivem em grandes cidades sofrerão algum tipo de variação do transtorno de ansiedade, que são: Fobia específica; Transtorno de pânico; TOC (transtorno obsessivo-compulsivo); TAG (transtorno de ansiedade generalizada); Transtorno de ansiedade social ou Fobia social e TEPT (transtorno de estresse pós-traumático. Tirando como base a cidade de São Paulo, calculam-se em média dois milhões de pessoas com algum desse transtorno na próxima década. A OMS ainda estima que em 2020 a depressão seja a segunda maior causa do comprometimento funcional, perdendo só para as doenças coronárias que, diga-se de passagem, muitas têm seus fundamentos no estresse.

Estamos vivendo uma epidemia silenciosa, que tem seus sinais em sintomas físicos como a diabetes, infartos, enxaqueca, úlceras de estômago, artrites, síndrome do intestino irritável, hipertensão, obesidade, bulimia e tantos outros, ou nos emocionais como a ansiedade, depressão, medo, irritabilidade constante, angústia.

Os sintomas do estresse, são desenvolvidos pelo próprio organismo como um sistema de alerta para preservação da vida. Esse processo ocorre em todos as situações que o corpo detecta como estresse. Sabemos que, apesar das mudanças do estilo de vida, o cérebro continua a executar o mesmo processo no estresse que usava no homem primitivo, ainda excita rapidamente o coração, pulmão, rins, estômago e os outros orgãos, preparando o corpo para enfrentar ou fugir do "perigo". Hoje, no enfrentamento diário de situações estressoras da vida moderna, o cérebro bombardeia o corpo de substâncias químicas "tóxicas" ininterruptamente que, conduzidas por impulsos nervosos, desencadeiam uma cascata de hormônios com o poder de intoxicar nossos órgãos internos, consequentemente fragilizando a saúde. Esse processo contínuo, que indiscutivelmente estamos vivenciando, pode e tem desenvolvido várias doenças físicas e emocionais.

Toda vivencia desencadeia uma emoção, toda emoção gera uma sinapse – transmissão da mensagem de um neurônio para o outro, toda sinapse libera uma substância química da mesma qualidade. Assim é também no estresse, portanto, alguns pesquisadores em neurociência acreditam que se conseguirem determinar exatamente quais células receptoras no cérebro e nas glândulas propagam os sinais de estresse, poderão criar drogas para interferir no processo, poupando os órgãos de tamanho desgaste que o estresse provoca.

Os estresses vão continuar, a vida moderna tende a aumentar a violência, as pressões profissionais, os chefes coléricos, os prazos, as contas a pagar, os relacionamentos desajustados, o barulho, as concorrências, os desafios intelectuais e muito mais. Temos que admitir que, nós, seres humanos modernos, estamos vivendo uma realidade financeira e social impossível de se reverter a curto ou médio prazo na minha visão, portanto, vejo que é preciso aprender novos modelos de vivenciar esse estresse, para que, no mínimo, possamos desfrutar do processo do viver de forma saudável. A forma como lidamos com as situações de estresse é que vai fazer a diferença, e isso é chamado também de inteligência emocional.

Acredito que nesse momento todas as ferramentas que possam

nos proporcionar uma vida mais saudável é bem-vinda. E isso tem feito com eu busque todo tipo de informação para ajudar meus pacientes a terem uma vida saudável emocionalmente, consequentemente, saudável fisicamente.

Parto de alguns pressupostos, o 1º. É que temos muito mais controle sobre nosso cérebro do que imaginamos - vários estudos têm mostrado isso, o 2º. É que somos totalmente responsáveis pelo o que sentimos, ou permitimos sentir, e o 3º. É que nossa vida é de total responsabilidade nossa. Portanto, você só irá fazer as coisas diferentes, e uma delas é ter saúde emocional, se decidir ser proprietário intransferível da sua própria vida.

Como pontuei anteriormente, as situações de estresse vão continuar acontecendo continuamente e é a forma como vivenciamos essas emoções causadas pelo estresse é que vão determinar a qualidade da nossa saúde emocional e física.

A técnica que trabalho com meus pacientes tem fundamento na Neurociência, na Psicossomática, na Psiconeurolinguística e na Bioenergética. E se desenvolve da seguinte forma:

1º. Descubra qual emoção a situação estressora desencadeou: raiva, medo, angústia, ansiedade, tristeza...etc.
2º. Você precisa dessa emoção para se livrar da situação? Que diferença fará esse evento na sua vida daqui alguns meses ou anos?
3º. Se você precisa preservar sua vida, utilize a emoção e crie uma resposta com base no raciocínio lógico para resolver a questão.
4º. Se não irá fazer diferença e nem põe sua vida em risco, mude a emoção (5º.), que nesse momento está intoxicando seus órgãos.
5º. Escolha um lugar calmo. Feche os olhos e imagine o lugar mais lindo que você já foi ou gostaria de ir, sinta-se nesse lugar, utilize o maior número dos sentidos para fazer essa vivência, visão, audição, olfato, gustação e tato, pois o cérebro não sabe o que vemos ou imaginamos.
6º. Inspire profundamente pelo nariz em 3 tempos e expire em 5 tempos até dobrar o diafragma, isso faz com que você libere todo CO_2 do pulmão.
7º. Volte lentamente à realidade e recomece lentamente suas atividades.
8º. Faça esse exercício quantas vezes forem necessárias, várias vezes por dia.

Particularmente faço esse exercício para tudo que gera estresse na minha vida, situações como: trânsito caótico, contas a receber em

Ser+ com Saúde Emocional

atraso, prazo de trabalho escasso, fofoca, provas, dias de muito calor, pessoas mal-humoradas, dores de cabeça, aeroporto, restaurantes lotados, clientes estressados, desentendimento em relacionamentos, luto e muitas outras coisas. Se você se exercitar diariamente, perceberá que pode utilizar essa dinâmica para quase tudo, claro, exceto nos momentos que sua vida corre perigo. Descobri que tirando esses momentos, nada vale à pena dar tanta importância.

Busque uma forma de viver o hoje com todas suas loucuras da forma mais saudável que conseguir, aprenda a ser responsável pelas emoções que sente. Lembre-se de que toda emoção tóxica por mais de 20 minutos, você estará conscientemente danificando seus órgãos, você não sabia, agora já sabe!

Viva intensamente a vida um dia de cada vez, crie sonhos realizáveis, aprenda a amar o que faz, ou busque o que ama fazer, desça desse barco de vítima que ele só vai te adoecer. Lembre-se de que as pessoas só fazem com você o que você permite fazer, nem que seja irritá-lo. Ninguém tem o poder de mudar seu estado de humor se você fizer esse exercício cada vez que tentarem. E se de tudo alguém for muito chato, responda apenas, ahan!

Seja feliz, seja responsável por você e por sua saúde, você é a pessoa nesse mundo que mais merece viver de forma plena.

Lunice Dufrayer

Psicóloga, psicoterapeuta, palestrante e empresária. Graduada em psicologia pela PUC-GO, pós graduada em Testes Psicológicos; Psiconeurolinguística; Psicossomática Humana; Psicologia da Saúde e Hospitalar; Administração de Recursos Humanos; Formação de Gerentes; MBA Gestão Empresarial; pesquisadora e autodidata em Neurociência. Escreve artigos para revistas e blog. Consultora de mudança no comportamento organizacional nos campos de Desenvolvimento Humano, Motivação e Liderança. Atua como *Life Coach* ajudando as pessoas a desenvolver competências para a realização de metas profissionais e pessoais. Na área clínica cuida e desenvolve a inteligência emocional de pacientes para uma vida saudável das diversas nuances dos relacionamentos afetivos e profissionais, reunindo o conhecimento na área de saúde, psicologia clínica e de gestão de pessoas para modificar comportamentos. Nos últimos anos, a clínica a levou a caminhar também pelo universo da alma feminina, e tem ministrado várias palestras na área.

Contatos:
www.psicologalunice.wordepress.com
lunicedufrayer@gmail.com
(62) 8151 5597 / (62) 3922 0321

Anotações

13

Equilíbrio com *Coaching* - O parceiro para o seu equilíbrio pessoal

Descubra como esta **nova filosofia de vida** pode lhe ajudar a recuperar o equilíbrio emocional ou simplesmente mantê-lo focado em suas metas

Marcela Buttazzi

Ser+ com Saúde Emocional

Marcela Buttazzi

Você sabe o que é *Coaching*? Neste artigo você descobrirá os poderes desta metodologia e poderá desfrutar de como um processo de *Coaching* pode ser prazeroso na busca pelo autoconhecimento e autoconsciência, por uma vida saudável e equilibrada. Atualmente temos uma infinidade de terapias alternativas e o *Coaching*, aliado a essas atividades para driblar o estresse, a falta de tempo, a dificuldade de cumprir os afazeres da agenda lotada, ganhar mais dinheiro, cuidar dos filhos, fazer-se presente com a família, perder peso, recuperar o bom humor, alimentar-se corretamente e relaxar, estimula a busca e as ações para viver melhor, inclusive consigo mesmo. O que você está fazendo para manter seu equilíbrio interno? **Achou a pergunta chave?** O principal objetivo desta leitura é proporcionar uma profunda reflexão e trazer sugestões de melhoria para **transformar** sua rotina em felicidade pura!

Para falarmos deste equilíbrio, mencionarei um texto escrito em outubro de 1989 por Roberto Happé, psicólogo e filósofo holandês que sutilmente nos orienta **sobre qual é a atitude mais apropriada para lidar com o outro.**

"Caminhe graciosamente com a vida. Não tropece nos outros. Se alguém estiver paralisado, dance com ele. Ele não está errado. Ele não pode fazer de outro jeito. É o jeito mais confortável para ele. Equilíbrio é a lei universal. Você não precisa controlar ninguém. Você não precisa obter harmonia à força. Tire suas mãos do controle. Seja sensível ao que os outros necessitam e a harmonia virá. Tornar-se sensível é a chave. Controle deve ser substituído por comunicação. Deixe os outros completamente livres para tudo o que eles quiserem. Comunique se você estiver insatisfeito. Substitua controle por sensibilidade e comunicação. Não julgue como certo ou errado. A vida é simplesmente o que é. Você somente pode dançar com o que acontece com você. Você pode tornar-se direto e preciso como a realidade que está ocorrendo com você. Você pode sintonizar-se com todos os níveis de equilíbrio, tudo em volta de você está equilibrado. Tudo à sua volta sintoniza com você. Quando você se encontra, a harmonia se espalha em torno de você. Torne-se um espelho de suporte, de apoio. Esteja consciente da realidade. Perceba tudo que ocorre com você. É assim que você equilibra o que acontece com os seus centros de energia. Quando falamos de comunicação verdadeira, estamos falando de um ato de amor. Isso é por si só uma meditação, uma reflexão. Quando você está tentando controlar, isso apenas cria maior discordância. Aprenda a comunicar e a compartilhar seus sentimentos com os outros. Vamos terminar pelo começo: aprenda a render-se. O caminho de render-se é o caminho da harmonia em direção à unidade da vida. Não é possível sintonizar

com o universo se não sintonizarmos com todas as coisas. Reconheça a sua natureza divina. É a natureza divina de todas as coisas. Não existe separação. Liberte-se da ilusão. Seus desejos podem realizar-se imediatamente. O destino da sua vida vem da energia que faz integrar-se com tudo. É quando o todo começa a guiar você. Tornar-se Cristo. Viver na energia da realidade. Quando sou movido pelas leis universais, momento a momento integrado, não mais separado. Isso é amor, é luz, é liberdade, é dança. É a nossa meditação. Nossa maior realização. É você. Sou eu."

Cuidar da mente e do corpo é essencial para qualquer atividade que praticamos, sendo trabalho, estudo e lazer. **O organismo é um relógio e precisamos estar atentos aos sinais que ele apresenta.** Estafa mental, ansiedade pelo futuro, apego à permanência (fuga do presente), saudosismo, nostalgia, medo do fracasso, desmotivação, falta de entusiasmo, afastar-se dos amigos e familiares, concentrar e responsabilizar sua felicidade no próximo, não enxergar o óbvio, entre outros comportamentos destrutivos, são sinais "de que algo não vai bem". Com uma simples mudança na "rotina", inclusive nos hábitos, romper velhos paradigmas, a inclusão de um planejamento pessoal (sendo na área financeira, amorosa e/ou profissional), estabelecer novas fronteiras, autoconsciência sobre o problema ou objetivo em questão, **a tristeza aparente é transformada em ânimo, energia, coragem, ação, amor a sua própria vida** e, consequentemente, em resultados que desencadeiam mudanças e uma nova fase. "Todo este processo é chamado **LIFE COACHING**."

"O futuro entra em nós, para transformar-se em nós, muito antes de acontecer."
Rainer Maria Rilke

Uma das grandes dificuldades de aceitar ou até mesmo pedir ajuda é o orgulho, que pode, em casos extremos, levar ao isolamento e ao início de uma depressão. As condições do mundo globalizado nos levam ao individualismo, ou seja, nossos valores são distorcidos e ficamos mais sensíveis a sair do foco, à desmotivação e, principalmente, à falta de objetivo. Com isso, a lamentação diária é instalada dentro de nós e o desequilíbrio em uma das áreas da vida é fato. O *coaching* te desperta da "toca", da zona de conforto, te faz repensar valores, atitudes e rotinas. "É uma nova forma de enxergar o cenário atual, ou seja, quais são seus reais objetivos de vida, missão e visão sobre ela". É uma assessoria pessoal e profissional que visa pontecializar o nível dos resultados positivos nas diversas áreas da vida de um cliente ou grupo.

Coaching é uma nova profissão, combina prática e procedimentos distintos visando dar suporte aos clientes para que criem uma vida ideal. Uma das diferenças mais óbvias entre *Coaching* e Psicologia é que a terapia tende a enfocar experiências e sentimentos relacionados a eventos passados. O *Coaching*, por sua vez, é orientado para o ajuste de objetivos e encoraja o cliente a seguir em frente e a obter novas conquistas e realizações, visando sua felicidade e melhoria da qualidade de vida. Já o papel do *coach* (profissional) é criar condições para que o cliente possa analisar o seu projeto ou objetivo por diferentes ângulos, até amadurecer a sua compreensão do problema e suas implicações.

"Visualizar o futuro é sonhar... com os olhos bem abertos... e com os pés no chão".
Ane Araújo

Teste a si mesmo
1. Observe, durante uma semana, como você se comunica, especialmente em situações de acompanhamento de desempenho. O que está mais presente: a linguagem do seu projeto ou a do conflito que está vivendo?

2. De zero a dez, quanto as suas ações estão apoiadas no poder hierárquico ou da sua posição (como empresário, colaborador, mãe, pai, filho, professor, etc).

3. Numa análise franca, você sabe dosar o poder? Suporta bem que os outros exerçam o poder? Com qual das três estratégias de poder – controle direto, influência ou assumir responsabilidades – você mais se identifica? A sua posição profissional atual explora seus talentos derivados desta estratégia?

4. Dentre seus estilos de negociação, qual é o seu preferido? Qual é aquele que você tenta mudar e não consegue?

5. Se você não quiser, não precisa compartilhar essas descobertas com ninguém. Porém, se você decidir dividi-las com uma pessoa em quem confia, **será um exercício muito poderoso.**

Exercício – *Coaching*

Ser+ com Saúde Emocional

Método *Grow* (G. Alexander 1984 – J. Whitmore 1992)

Instruções:
Faça este exercício mentalmente ou manuscrito.
Primeiramente, permita-se sonhar e defina suas metas a curto e longo prazo.
Pondere e reflita sobre a verificação da realidade para explorar a situação atual.
Observe as opções e estratégias atuais de ações em curso para o objetivo proposto.
O que deve ser feito, quando, por quem e a vontade de fazer. Liste as respostas.
Mãos à OBRA!

DICAS PARA O SEU SUCESSO
    Pratique-as!

- A maioria das pessoas bem-sucedidas são pessoas normais;
- Ninguém chega lá sozinho;
- O caminho para o sucesso é árduo;
- Independente do desafio, o fundamental é o FOCO;
- Pense em obter boas recompensas;
- Defina e viva pelo seus valores;
- Viva pela regra dos 120%;
- Supere as três emoções (medo, preocupação e dúvida);
- O futuro é de quem assume riscos;
- Busque o conhecimento necessário (você vai precisar);
- Decida nunca ficar ocioso;
- Você é melhor do que imagina;
- Cuidado: fracassados apaixonam-se pelas desculpas;
- Fale sobre ideias, não sobre pessoas;
- Mantenha o respeito e padrões elevados de ética;
- Persevere até conseguir (10 é Bom, 20 é excelente);
- Comportamentos evidenciam o que nós acreditamos.

"Não fuja da verdade, não protele o que pode ser resolvido, não coloque sua expectativa e felicidade em outra pessoa. Viva intensamente".
Marcela Buttazzi

Referência:
Coach: um parceiro para o seu sucesso / Ane Araújo. – São Paulo: Editora Gente, 1999.

Marcela Buttazzi

Fundadora e Sócia-diretora da MB *Coaching*, *Coach* formada pela SBC, Analista Quântica; Administradora de Empresas e pós-graduada em Negócios pela Universidade Anhembi Morumbi e em Psicologia Geral nas Organizações pela Universidade Cidade de São Paulo (UNICID); Atua com Orientação de Carreira/Vocacional, Recolocação Profissional, *Coaching* de Vida e Avaliação Comportamental. Professora Tutora do curso de Administração de Empresas (EAD) na Universidade Cidade de São Paulo (UNICID). Coautora dos livros *Manual Completo de Coaching*: Grandes Especialistas apresentam estudos e métodos para a excelência na prática de suas técnicas e Gestão de Pessoas - Visões do presente e futuro para melhoria da qualidade de vida e desempenho profissional ambos da Editora Ser Mais.

Contatos:
www.mbcoaching.net.br
contato@mbcoaching.net.br
coachmbuttazzi@hotmail.com
(11) 4314-3480
Facebook: MB COACHING
Twitter: @mb_coaching

Anotações

14

Você tem dificuldade para pedir?
Cuidado, você pode estar com baixa autoestima!

O presente artigo analisa a linha tênue entre necessidade e desejo e propõe um pequeno inventário para avaliar como anda sua real capacidade de pedir algo a alguém

Marco Barroso

Ser+ com Saúde Emocional

A incapacidade de pedir aos outros o que você quer é um clássico sintoma de baixa autoestima, que surge do seu sentimento básico de falta de valor. Você sente que não merece receber o que quer. Suas vontades não parecem legítimas ou importantes. Os desejos de outras pessoas parecem muito mais válidos e urgentes do que os seus. Você pergunta aos outros o que eles querem e tenta obter para eles.

Você pode temer tanto a rejeição ou estar tão distante de suas necessidades que sequer tem consciência do que quer. Você não pode se dar o direito de arriscar querer algo de outros conscientemente.

Por exemplo, você pode fantasiar sobre algum tipo de prática sexual que parece especialmente atraente para você, mas nunca experimentou, pois nunca pediu. Na verdade, você sequer admite isso conscientemente.

É "apenas uma fantasia". Você não reconhece o seu desejo porque, se o fizer, poderá realmente solicitá-lo. E se isso acontecer, você pode ser rejeitado como "ousado demais". Ou a sua parceira sexual pode achar que você não está satisfeito com a vida sexual de vocês.

Suas Verdadeiras Necessidades

O que se segue é uma lista de necessidades — as condições do ambiente, as atividades e as experiências importantes para a saúde física e psicológica. O propósito desta lista é estimular o seu pensamento sobre a importância e a variedade de necessidades humanas. Você pode achar que algumas das necessidades não se aplicam a você, que algumas são redundantes, que há necessidades omitidas, ou que a lista não está separada em categorias adequadas. Não se preocupe com isso.

Necessidades físicas: a partir do momento em que se nasce, é preciso ter ar limpo para respirar. Você não sobreviveria muito tempo sem água pura para beber e alimento nutritivo. A isso se pode acrescentar a necessidade de algum tipo de vestimenta e abrigo adaptado à parte do planeta que você habita.

Necessidades emocionais: menos óbvias, mas nem por isso menos essenciais são as suas necessidades emocionais: amar e ser amado, ter companhia, sentir-se respeitado e respeitar os outros. É preciso receber solidariedade e empatia de outros, e você precisa expressar sua própria solidariedade e empatia para os outros.

Necessidades intelectuais: sua mente demanda informações, estímulos e o desafio de problemas a resolver. Você tem uma necessidade natural de compreender e entender as pessoas e os acontecimentos ao seu redor. Deve ter variedade, recreação e tempo de lazer. Você tem força para conquistar as coisas; necessita crescer e mudar.

Necessidades sociais: você precisa interagir com os outros e, às vezes, necessita ficar sozinho sem essa interação. Você tem necessidade de um emprego útil: um papel na sociedade que ajude a definir a sua identidade e dar algum tipo de contribuição positiva a outros. Necessita sentir que pertence a um grupo.

Necessidades éticas, morais e espirituais: você tem a necessidade de buscar o sentido da sua vida. Quer saber para que serve o Universo e por que os homens estão nele. Você precisa agregar valor à sua própria vida.

Necessidades x Desejos

A diferença entre as necessidades e os desejos é muito pequena. Em uma ponta estão as necessidades de vida e morte, ou seja, a necessidade de água e comida. Se elas não forem supridas, você literalmente morre. Na outra ponta estão os desejos mais insignificantes e extravagantes. São itens luxuosos que contribuem para o seu conforto, mas não são essenciais para a sua sobrevivência. Você pode adorar um sorvete de pistache com calda de caramelo, mas não vai morrer se não consumi-lo.

No meio disso tudo está a linha divisória entre as necessidades e os desejos. É neste terreno mediano que as pessoas com baixa autoestima apresentam problemas.

Por exemplo, você pode ficar em casa todas as noites em vez de fazer uma faculdade à noite porque acha que a sua ausência à noite será uma dificuldade para a família. Embora realmente queira um diploma universitário, você sente que não merece despender tanto tempo e energia de sua família.

A linha divisória entre uma necessidade e um desejo varia de pessoa para pessoa. Às vezes, você precisa conversar com alguém sobre um problema pessoal surpreendente, enquanto outras vezes o mesmo problema parece menos urgente, algo que você apenas quer solucionar, mas que pode adiar.

Para o propósito deste artigo e com o objetivo de incrementar a sua autoestima, a partir daqui vamos nos referir a todas as necessidades e desejos como "desejos" e presumir que são todas relevantes e legítimas.

Inventário de Desejos

Este inventário se destina a criar a consciência de seus desejos. Complete o questionário a seguir. Na coluna A, coloque uma marca ao lado dos itens que forem aplicáveis a você. Na coluna B, classifique os itens marcados de 1 a 3, como:

1. **Ligeiramente desconfortável**
2. **Moderadamente desconfortável**
3. **Extremamente desconfortável**

A. **Verifique aqui se o item se aplica a você.**
B. **Classifique de 1 a 3 de acordo com o nível de desconforto.**

Marco Barroso

O QUE

Eu tenho dificuldades de pedir:
_____ a aprovação de _____.
_____ a aprovação para _____.
_____ ajuda em certas tarefas.
_____ mais atenção ou tempo do meu parceiro.
_____ para alguém me ouvir e entender.
_____ atenção para o que eu tenho a dizer.
_____ a pessoas que eu acho atraentes para sair comigo.
_____ entrevistas para emprego.
_____ promoção ou aumento de salário.
_____ a atenção de vendedores ou garçons.
_____ respeito.
_____ tempo para mim.
_____ satisfação de práticas sexuais.
_____ tempo para lazer e diversão.
_____ variedade, algo novo e diferente.
_____ tempo para descansar.
_____ o perdão.
_____ respostas para perguntas chatas.
_____ companhia.
_____ permissão para fazer minhas próprias escolhas.
_____ a aceitação de quem eu sou para outros.
_____ a aceitação de meus erros.
_____outras coisas.

COM QUEM

Eu tenho problemas em pedir o que eu quero a:

_____ meus pais.
_____ meus colegas de trabalho.
_____ meus colegas de escola.
_____ clientes.
_____ padres e autoridades religiosas.
_____ meu marido/mulher/companheiro/companheira.
_____ estranhos.
_____ amigos.
_____ conhecidos.
_____ funcionários públicos.
_____ meu chefe ou superiores no trabalho.
_____ parentes.
_____ empregados.
_____ filhos.

Ser+ com Saúde Emocional

_____ pessoas mais velhas.
_____ vendedores e atendentes.
_____ amantes.
_____ figuras de autoridade.
_____ um grupo de mais de duas ou três pessoas.
_____ uma pessoa do sexo oposto.
_____ uma pessoa do mesmo sexo.
outros: _____.

QUANDO

Eu tenho dificuldades de pedir o que quero quando:

_____ preciso de ajuda.
_____ solicito algum serviço.
_____ convido alguém para sair comigo.
_____ vou marcar um compromisso.
_____ preciso de um favor.
_____ estou pedindo informação.
_____ quero propor uma ideia.
_____ me sinto culpado.
_____ me sinto egoísta.
_____ peço a cooperação.
_____ estou negociando de uma posição inferior.
_____ várias pessoas estão ouvindo.
_____ os ânimos estão exaltados.
_____ estou chateado.
_____ tenho medo de parecer idiota.
_____ tenho medo de receber uma resposta negativa.
_____ posso parecer fraco.
_____ outras.

Avaliação

Analise seu inventário e perceba o tipo de coisas que você mais deseja, as pessoas de quem você deseja, e em que situação as suas necessidades são mais prementes. Provavelmente você vai perceber padrões: algumas necessidades que você nunca pediu para ninguém, certas pessoas com as quais você nunca conta, nem mesmo para lhe prestar um simples favor ou para aconselhá-lo em situações problemáticas nas quais a sua autoestima e assertividade o abandonam completamente.

Marco Barroso

Mestrando em Recursos Humanos e Gestão do Conhecimento (Universidade Europeia Miguel de Cervantes), MBA em Gestão de Negócios (Ibmec), Psicopedagogo, Especializações em Pedagogia Empresarial e Docência do Ensino Superior. Possui altos estudos (nível Doutorado) em Planejamento Estratégico e MBA em Logística e Mobilização Nacional (Escola Superior de Guerra – Ministério da Defesa). Formação em *Creative Problem Solving* (*State University of New York* - EUA). *Advanced Coach Senior - Post-Master Coach* (*Behavioral Coaching Institute* – EUA) e *Certified Master Coach* (*Graduate School of Master Coaches* – EUA/UK/Austrália). *Certified Hypnotherapist* (*American Alliance of Hypnotists* - EUA) e *Practioner* em PNL (*American University of NLP* - EUA). *Certified Reiki Master* (Mikao Usui Reiki *Healing Center* – EUA). É Professor Universitário, Treinador Comportamental e Consultor Empresarial. Coautor dos títulos da Editora Ser Mais: *Master Coaches, Ser+ com Equipes de Alto Desempenho, Ser+ com Coaching, Ser+ em Excelência no Atendimento ao Cliente, Manual das Múltiplas Inteligências*, dentre outros.

Contatos:
marcobarroso.com.br
facebook.com/maquinadesuco
contato@marcobarroso.com.br

Anotações

15

O estresse e o trabalho nosso de cada dia

O medo, o trabalho, as situações enfrentadas no cotidiano e as rotinas, cada vez mais intensa, contribuem de maneira significativa para o aumento de estresse na vida das pessoas. E agora, como reverter esse quadro?

**Maria Célia Guerra Medina &
Vera Cecilia Motta Pereira**

Ser+ com Saúde Emocional

Maria Célia Guerra Medina & Vera Cecilia Motta Pereira

Esse tema trata de uma questão muito humana, porque diz respeito aos sentimentos e às relações entre pessoas e trabalho, determinando as possibilidades da vida e de desenvolvimento pessoal e social.

Conquistas importantes do século XX possibilitaram maior quantidade e maior qualidade de vida. Avanços na produção, conservação e distribuição de alimentos, tratamento da água de consumo e a descoberta de vacinas e antibióticos triplicaram a vida média nesse século. Apesar de algumas conquistas de direitos (férias, redução de trabalho infantil, aposentadoria), as condições de trabalho têm se deteriorado, assim como todas as demais situações dependentes da economia global.

O trabalho e outros componentes das condições de vida podem gerar saúde ou doenças, por vários mecanismos, entre eles o estresse.

O termo "estresse" foi cooptado da engenharia, que o usa para designar o estado do material que, por ser submetido a forças além da sua capacidade e/ou por muito tempo, acaba por se fragilizar e quebrar. Nos seres vivos, "estresse" designa o estado de prontidão do organismo, muito útil quando tínhamos que estar atentos a bichos ferozes e condições precárias de vida.

Segundo geneticistas, em condições ideais, os humanos poderiam viver cerca de 120 anos, mas isso não acontece. O mais grave é que nas sociedades industrializadas aumentam o número de pessoas que sobrevivem com uma ou mais doenças crônicas, como pressão alta, diabetes, doenças do coração, obesidade, câncer, entre outras. Inúmeras condições estão associadas a esse quadro, e é sobre uma delas que falamos: o estresse ou Síndrome Geral de Adaptação, assim nomeado por Hans Selye em 1930.

O estresse consiste em uma resposta do nosso organismo aos estímulos externos, um "estado de alerta" que tem possibilitado a sobrevivência de humanos, assim como dos demais animais nesses milhões de anos. Foi graças a este mecanismo entre outros, como a inteligência, que homens e mulheres conseguiram sobreviver a condições adversas: proteger-se de outros animais, de condições climáticas, lutar para conseguir alimentos e chegar ao nosso tempo.

Trata-se, assim, de um mecanismo normal, de defesa, que permite ao corpo se adaptar a condições de emergência, de fuga ou de enfrentamento, deixando o corpo em prontidão nas situações de perigo.

Quando, no entanto, o estresse persiste além do momento de perigo, o corpo entra na fase de **Adaptação ou Resistência**, a tensão se acumula e iniciam-se as manifestações emocionais, entre outras.

E se o estressor, situação que provoca o estresse, persistir, o organismo passa para a fase do **Esgotamento dos Mecanismos de Adaptação** e se iniciam as falências e as doenças se instalam.

Estresse nas sociedades modernas
Após a revolução industrial, o homem passou a enfrentar outros tipos de perigos, que não somente os naturais: competição social, excesso de carga/tempo de trabalho visando a maximização da produção, riscos no/do trabalho e a violência da vida urbana, entre outros. A automação e as exigências do trabalho se multiplicaram, menos pessoas executam mais tarefas e mais pessoas se encontram em relações precárias de trabalho. As manifestações do sistema estresse passam a ser sentidas quase o tempo todo, cronificando-se como resposta às novas condições de pressão e à velocidade das transformações. Ao contrário do que podiam fazer os nossos ancestrais, na maioria das vezes não podemos fugir das situações que provocam o estresse.

O estresse participa da geração de inúmeras doenças:
Mentais e Emocionais: angústia, ansiedade, insônia, fadiga crônica, redução da libido, agressividade, irritabilidade, depressão, doença do pânico, doença obsessivo-compulsiva, *déficit* de atenção, de memória, de cognição, anorexia nervosa, dependências químicas (álcool, tabaco e outras drogas), obesidade, por compulsão no consumo de alimentos.
Alteração de órgão, provocando: doenças do coração, diabetes, gastrite e úlcera, alterações da tireoide, inibição do crescimento em crianças, infecções e câncer, entre outras.
Acidentes de trabalho
Controlar e evitar as características negativas do estresse dependem de vários fatores que podemos classificar em individuais e coletivos. Situações externas podem ou não desencadear estresse, dependendo das características e do suporte (emocional, familiar, social) de cada indivíduo. No entanto, situações estruturais mais amplas podem não garantir condições de vida e de trabalho mais protetoras, levando ao estresse.

As características individuais podem levar, ou não, a uma adaptação, principalmente quanto à maneira como as situações são percebidas e à consciência que se tem sobre o estado de seu próprio organismo.

Além dos componentes individuais, os componentes do ambiente (ruído, temperatura) e das organizações (envolvimento para e com o trabalho, participação, apoios, estilo das chefias, rotatividade, planos de carreira, salários, ritmo das jornadas, turnos – dificultando o convívio familiar e social, conteúdo das tarefas, repetitividade, autonomia, riscos) contribuem com sua cota para a situação do estresse, embora seja difícil quantificar e dissociar qual fator foi ou está sendo o mais importante.

Dentre as condições de vida impactantes na saúde e no estresse, as relacionadas ao trabalho estão entre as mais importantes, quer pela forma de atuação no dia a dia, quer pelas condições de vida proporcionada pelos ganhos no trabalho. Acrescenta-se a isso o próprio sentido que o trabalho pode, ou não, dar à vida.

O progresso tecnológico, se usado em benefício de todos, possibilitaria mais conforto, redução da jornada de trabalho, tempo para o lazer, a criatividade, o repouso e o crescimento humano, mas não é isso que tem acontecido e, talvez, seja apenas uma utopia.

Em pesquisa que envolveu 2103 adultos na cidade de São Paulo, Medina e colaboradores encontraram 28% apresentando sinais emocionais e 29% sinais físicos de estresse. Entre os que já apresentavam alguma doença associada destacaram-se com sinais graves de estresse: 42,6% dos portadores de hipertensão arterial, 45% dos portadores de diabetes e 56% dos que apresentavam colesterol elevado.

As mulheres apresentavam altos índices de estresse, dependendo da profissão. Entre os homens trabalhadores os índices foram sempre inferiores ao que ocorreu entre as mulheres: apenas 27% deles apresentaram sintomas emocionais ou físicos, com exceção dos trabalhadores de bares e restaurantes, onde 53,3% são acometidos por esse problema - trabalhar nessas áreas, para homens e mulheres, chega a ser mais estressante do que estar desempregado, situação essa em que os níveis de estresse atingem 44% das pessoas.

Pior do que estar desempregado é o medo do desemprego; entre os que manifestaram essa preocupação, as frequências de estresse aparecem entre 46% dos entrevistados.

Além das características e demandas do trabalho executado o rendimento que ele proporciona e a competitividade em que está inserido também se associa a um maior ou menor nível de estresse: entre os que obtinham rendimento inferior a um salário mínimo 48% apresentavam manifestações graves ou moderadas.

De que maneira o trabalho pode influir nos níveis de satisfação, autoestima, crescimento pessoal e condições de vida ou destruir essas perspectivas e gerar estresse e doença?

Inúmeros pesquisadores têm estudado essas questões, entre eles destacam-se Karasek, que em 1979 apresentou o modelo "pressão no trabalho", segundo a qual a alta carga e o baixo poder de decisão resultam em estresse. Outro importante pesquisador foi Morris que, em 1953, já apontava que diversas situações, físicas e organizacionais no ambiente de trabalho se relacionavam ao estresse e doenças associadas. Atualmente, desenvolvem-se uma série de estudos sobre assédio moral e sexual no ambiente de trabalho, havendo já legislação, no Brasil, que enquadra e tipifica essas questões. Posteriormente, outros autores, Siegrist, Theorell e Kristensen, também contribuíram para o desenvolvimento do modelo teórico explicativo para a associação entre organização do trabalho e estresse. De acordo com esse grupo de pesquisadores, nove dimensões do trabalho se relacionam diretamente com o estresse: pressão (quantidade, turnos, ritmo - corporal e emocional, horas de trabalho), controle (poder de decidir o que fazer, como e quanto), recompensa (reconhecimento pessoal e ganhos financeiros), além de: possibilidade de crescimento; significado (ausência de alienação); apoio, clareza, satisfação e segurança.

Se você tiver interesse em avaliar se seu trabalho pode estar estressante, segundo as dimensões apontadas acima, envie-nos um e-mail (veracp@uol.com.br ou cgmed3@gmail.com) com o assunto: Stress e Trabalho, e nós lhe mandaremos um Questionário para você responder e refletir.

Se, ao conferir seus resultados, sua pontuação esteja alta, tente, se for possível: dormir mais, praticar meditação, fazer alguma atividade física, falar com os colegas e chefe sobre alguma condição estressante no trabalho. Divida seus problemas com a família ou amigos, relaxe procurando momentos de lazer que te agradem e, sobretudo, reflita sobre tudo que tem acontecido, procurando planejar e buscar novas possibilidades para sua vida.

Referências
Karasek RA: Job demands, job decision latitude, and mental strain: Implications for job redesign. Adm Sci Quart 1979; 24: 285 -308.
Kristensen TS: The demand-control support model: methodological challenges for future research. Stress Med, 1995: 11:17 - 26.
Medina C e col: O Estresse é o desafio do século. Almanaque DANT, SMS-SP/COVISA, 2005, maio, 15-20.
Morris JN, Heady JA, Raffle PAB, Roberts CG, Parks JW.: Coronary heart disease and physical activity of work. Lancet, 1953; 2:1053-7.
Selye H: The general adaptation syndrome and diseases of adaptation. J. of Clin. Endocrinology, 1946, 6(2): 117-230.
Siegrist J: Adverse health effects of high-effort/low-reward conditions. J. of Occup. Hlth. Psyc., 1996, 1, 27-41.
Theorell T: Unhealty Work-Causes, consequences and cures. Book review, 2010: 36(5):432-6.

Maria Célia Guerra Medina & Vera Cecilia Motta Pereira

Maria Célia Guerra Medina
Especialista em Saúde Pública (USP), na área de Epidemiologia, investigando condições de vida e de trabalho na determinação das doenças cardiovasculares entre adultos e idosos, Mestre e Doutora em Epidemiologia pela Faculdade de Saúde Pública – USP. Participou da organização de serviços de saúde no Sistema Único de Saúde (SUS) e de Programas de Promoção de Saúde e Prevenção de doenças cardiovasculares. Autora de Textos e Livros sobre Geriatria, doença de Alzheimer, doenças crônicas, entre outros artigos em revistas especializadas. Atualmente é responsável pela Coordenação de Vigilância em Saúde do município de Embu das Artes-SP. Foi fundadora, conselheira e diretora de várias organizações e publicações ligadas às áreas da Saúde, Saúde Pública, Trabalha e tem trabalhado como consultora nessas áreas.
Contato: cgmed3@gmail.com

Vera Cecilia Motta Pereira
Especialista em Psicologia Clínica e Hospitalar. Supervisora em Psicologia pelo CRP/SP. Supervisora e Terapeuta Didata em Psicodrama, reconhecida pela Federação Brasileira de Psicodrama – FEBRAP. Consultora em temas organizacionais, bem como em Saúde e Educação. Membro fundador do Grupo de Excelência em *Coaching*, do Conselho Regional de Administração de São Paulo – CRA/SP, desde 2007. Trabalhos publicados no Brasil e no Exterior. Palestrante.
Contato: veracp@uol.com.br

Anotações

16

Emoções, o homem como ser integral

129

Um olhar psicanalítico

Maria Inês Assunção

Maria Inês Assunção

"Valioso é o homem que busca a sabedoria e, por não alienar-se, pode viver a plenitude da vida – **ser feliz**.*"*.

Estudar a saúde emocional é um desafio tão antigo quanto a presença do homem na terra. As ciências se ajudam, contudo, existem mais perguntas do que respostas, mas ao final, o que se busca é o sucesso, a paz e ser feliz. Neste contexto, buscaremos o apoio nas emoções e na teoria psicanalítica de Winnicott.

A moderna epopeia humana em seu apogeu fez-nos acreditar na desumanização de nós mesmos. Diante da grande competição, o cumprimento de metas perpassa a todos em qualquer organização. Somos medidos como se fôssemos máquinas, traduzimo-nos em números e procuramos constantes *upgrades*. Há, contudo, uma mudança em curso na percepção do indivíduo – ainda que lenta. A sabedoria parece voltar seu olhar para o ser humano e chamar a atenção para o nosso limite natural e biológico, deixado de lado por uma sociedade extremista. É tempo de promovermos o autoconhecimento emocional e aceitarmo-nos enquanto ser integral que nunca deixamos de ser.

Difícil equilíbrio entre o ser e o fazer

Não se trata de negar os méritos da sociedade moderna e os inúmeros avanços por ela alcançados, mas de se pensar em maneiras de enfrentar os desafios diários que nos são impostos sem ignorar nossas limitações físicas e psicológicas. Mesmo reflexões de áreas como a Neurociência e a Física Quântica fazem coro a ciências como Administração, Engenharia, Psicologia, Educação, entre outras, mostram que é fundamental aliar o profissional ao afetivo, e nos aceitarmos como seres humanos que precisam olhar mais para si e para o outro.

A despeito do caráter interdisciplinar cada vez maior, o fato é que sempre existirão mais perguntas do que respostas. Tão importante quanto se preocupar com o resultado de nossas buscas é refletir sobre o quê exatamente buscamos e por que buscamos. É, pois, nesse contexto que podemos buscar apoio na teoria e nas experiências do respeitado médico e psicanalista inglês Donald Woods Winnicott.

Winnicott foi dessas pessoas que se permitem brincar até com o fim da própria vida. Ele escreveu em sua autobiografia, que chamou de *Not less than everything* (Nada menos que tudo, em tradução livre), uma descrição imaginária de sua morte. Precisamos nos ler no espaço e no tempo enquanto seres naturais e, para além do trabalho, comprometermo-nos também com o lazer, o exercício físico, a espiritualidade.

Ser+ com Saúde Emocional

Equilíbrio mental e físico

Somos, porém, como bem definiu Jacques Lacan, seres "desejantes", movidos por nossos sonhos. Ao mesmo tempo, como já exposto, nossa saúde mental está ligada à nossa saúde física.

Sobre a busca incessante de ser feliz, Freud disse: "a conduta do homem é a consequência de suas emoções. O homem precisa estar feliz e contente consigo mesmo para produzir positivamente". A infelicidade pode existir devido à ausência de algo desejado – o sonho quando no contexto do inatingível, traz a ansiedade em níveis elevados "neuroses de angústia". Buscamos incessantemente algo que se perdeu, talvez um *gap* existente entre o ser natural e o ser social que o homem se tornou.

Como, então, satisfazer o psicologicamente ilimitado e manter-se fisicamente saudável? Qual o caminho seguro para ter uma vida e mente sadia, criativa? Como cumprir metas, ser bem-sucedido, gerar recursos e manter-se emocionalmente saudável? Soma-se a tais questões a pressão da competitividade, que leva a alto grau de ansiedade ou recolhimento (melancolia, tristeza recorrente).

Luta e fuga: entre emoções

O que diferencia os seres humanos dos outros animais é a inteligência e a vontade. Com elas, o homem tem a capacidade de construir um mundo absolutamente singular. A contrapartida dolorosa dessa capacidade é estarem expostos aos instintos primitivos de "luta e fuga", tão bem descritos já em 1936 pelo Dr. Hans Selye, médico austríaco e um dos mestres do estudo do estresse em seres humanos, quanto ao "instinto de reprodução da espécie". Para ele, os indivíduos tendem a se colocar continuamente em confronto interior pela contraposição da inteligência e do meio cultural em que vivem. O estresse em seu nível de terceiro grau – ou *Burnout*, composição das palavras *burn* (queima) e *out* (exterior) – sugere que transtornos emocionais, muitas vezes, são motivados por excesso de trabalho.

É natural que o indivíduo sinta medo, angústia, inseguranças. O que deve ser sempre avaliada é a intensidade dessas emoções. Senti-las durante uma seleção para a conquista de uma vaga de emprego ou diante de um rompimento de vínculo são sentimentos normais. Em muitas ocasiões, o alívio do sofrimento passa pela verbalização durante terapia ou a prescrição de medicamentos. O importante é que se encontre um caminho. Discernir situações de tristeza aparente de doenças mentais como a esquizofrenia e transtorno afetivo, como a bipolaridade, pode ser de grande ajuda e está ao nosso alcance.

Para Winnicott, desde o útero materno temos um *"self Nuclear"*, conceito por ele desenvolvido com base em sua experiência no tratamento de crianças e adolescentes com problemas de alta complexidade por ocasião da Segunda Guerra Mundial. Segundo ele, as potencialidades do homem vêm desde a gestação e podem ou não se efetivar. Assim, todo o indivíduo teria algo como um "santuário ecológico" de reserva para os processos de desenvolvimento que vão do nascimento à morte. Durante o crescimento de cada um, os pais são corresponsáveis para a formação de um "self" forte, pois cada um recria seu próprio mundo a partir do que vive. A exemplo de Winnicott que usava, como uma de suas ferramentas de apoio, folhas de papel para fazer leques ou singelos aviões, com os quais brincava um pouco e depois oferecia à criança para fazer com eles o que desejasse – brincar, destruir, ignorar. Assim, ele buscava compreender e contribuir com alternativas no tratamento no processo de perda, de rompimento de vínculos, as frustrações e as falhas humanas.

Gerenciando as emoções: o autoconhecimento

É necessário reconhecer que ninguém é imune aos sentimentos e emoções. Compreendê-los é se tornar um aliado do bem-estar, da alegria de viver, das emoções que levam ao sucesso e que predominam na vida de um vencedor.

Quem não tem conflitos? O conflito é impasse, falta de solução ou decisão, e a ansiedade que sinaliza uma necessidade de mudança. Porém, não é comum remover mágoas e derrotas, lembranças que nos consomem o tempo todo. Quando tomamos uma decisão, assertiva ou não, estamos aliviando um conflito.

O autoconhecimento possibilita a contenção de um impulso emocional inadequado em sua mente. Através de um *self-coaching* você pode se tornar capaz de chamar à razão uma demanda emocional e evitar caminhos menos dolorosos.

Daniel Goleman discorre sobre as duas mentes, a emocional e a racional, a que pensa e a que sente. Segundo ele, a cada convite recebido, a cada passo dado, a cada pensamento emitido, a cada energia canalizada, estamos diante de uma oportunidade infinita de escolhas.

Seja feliz, você merece!

Para sermos felizes, é preciso dar um sentido maior para a existência. É necessário ouvir-se, conhecer-se e acessar suas potencialidades. Saber trabalhar com suas emoções é mais importante do que se pressionar.

Além disso, devemos também separar tempo para o lazer e a família. Dedicar um "bocadinho" de tempo para os amigos, alguns minutos para meditar, relaxar, conversar e ouvir nossa voz interior.

Ser+ com Saúde Emocional

Estamos endossando o que Freud disse a respeito da felicidade sobre equilíbrio entre prazer e desprazer. Em contrapartida, a supremacia da nostalgia, da falta de lazer, excesso de responsabilidades, gera desprazer, e as consequências, são sempre desastrosas.

Agora que você se preparou e sabe selecionar o que é importante para se conectar ao sucesso, lembre-se da prática de algumas regras: autodisciplina, autoconsciência, automotivação. O desafio das escolhas assertivas é vontade de vencer, assunto este que abordo no capítulo "Atitudes Vencedoras" (p.92) no livro "Um Olhar para Vida, tratar emoções para despertar talentos".

Decidir por atitudes vencedoras é ter razão para acordar todos os dias prontos para os desafios, que a cada etapa nos tornam mais resilientes.

Planejamento estratégico pessoal: o passo da diferença
Do ponto de vista prático, nós podemos realmente fazer a diferença em nossos ambientes de trabalho ao nos submetermos a esse processo de mudança.

O cumprimento de metas virá por obra da inspiração – e não pelo esforço exagerado, da pressão interna e externa.

Diante desta complexidade chamada emoção procure pensar:
• Para onde você quer caminhar?
• Qual o seu plano B? (é prudente ter opções)
• Que pessoa deseja ser?
• Qual a sua missão?

O que deixará como história: marcas ou cicatrizes diante das vidas que lhe foi confiada?

Saber que o inconsciente é mais forte do que o consciente ajuda a deixar-se brincar, inventar novos modos para gerar mudanças e redefinir o percurso da vida. Assim fez o Winnicott ao "dançar a vida" e com ele pode-se aprender a deixar fluir energia e atividade construtiva, que traz um fundo de fantasia inconsciente, agressiva e destrutiva, onde o bom é construído e a agressividade positiva é a força vital que nos move para trabalhar, amar, brincar e viver. Desse modo, o homem é compreendido em sua totalidade e não acima do bem e do mal. Afinal, o que buscamos em nossas emoções e relações é um convívio feliz.

Maria Inês Assunção

Psicanalista clínica, pós-graduada em Teoria Psicanalítica. Escritora e Pedagoga especializada em OE. Palestrante, Executive *Coach*. Possui 18 anos de experiência profissional. Sócia-fundadora da VIP MASTTER RH. Atua como Diretora e formadora de multiplicadores. Autora do livro "Um Olhar Para a Vida, Tratar Emoções para Despertar Talentos" e coautora do livro *"Sentido de vida: Educação"*. Facilitadora do Curso *"Encantar para Triplicar Oportunidades"*.

Contatos:
www.vipmastter@vipmastter.com.br
mariainesassuncao@vipmastter.com.br
(51) 3222-4522

Anotações

17

Como a liderança sistêmica influencia a saúde emocional

Os diferentes tipos de liderança refletem de maneiras diferentes na saúde emocional do indivíduo. Quais as consequências dessa "influência"?

**Maria Vilma Chiorlin &
Leda Regis**

Maria Vilma Chiorlin & Leda Regis

Nossa intenção é compartilhar como você um pouco a respeito da Liderança Sistêmica - *Um Caminho para a Transliderança*, que tem como propósito facilitar e inspirar a ampliação da consciência sistêmica para uma liderança mais ampla e eficaz - a transliderança.

No desenrolar dessa conversa desejamos que você possa ter mais clareza desse propósito e, assim, possa ajudar a trazer benefícios para todos!

A forma como lideramos influencia diretamente tudo que fazemos, na forma como conduzimos nossa vida, como nos relacionamos e como afetamos a nós mesmos e as pessoas ao nosso redor.

Se o estilo de liderança é tão influenciador, observemos como ele é formado. Inicialmente, é bom lembrar que "todos nós temos os recursos para liderar nossas vidas", mas nem todos escolhem assumir essa liderança. Muitos de nós preferimos entregá-la nas mãos de outros, como, por exemplo, nossos pais, companheiros, líderes profissionais, gurus, filhos, amigos e até ao acaso.

Para encontrarmos as pistas do nosso estilo de liderança, retornemos a nossa origem, e lá, olhemos os modelos dos nossos primeiros líderes: nossos pais e/ou seus substitutos. São eles os mais importantes modelos internalizados, os quais, normalmente seguimos, muitas vezes sem termos essa consciência.

Primeiramente, procure perceber qual é o estilo que mais lhe atrai e qual o que mais lhe incomoda e pesquise seus porquês. Pare um pouco, respire... Assim, você facilita a consciência dessa informação.

Em seguida, lembre-se das principais características e das estratégias utilizadas por aquelas pessoas para conduzirem suas vidas. E, desejando dar um passo a mais, observe o quanto dessas características e estratégias por elas utilizadas estão presentes em você e na forma como conduz sua vida. Então, respire um pouco mais...

Se encontrar semelhanças entre o estilo delas liderarem e o seu, essa hipótese está confirmada. Se não, observe um pouco mais. Afinal, como diz o ditado, "filho de peixe, peixinho é!".

Existem vários estilos de liderança, pois somos seres humanos muito diversos e muitas são as tentativas de classificá-los pela neces-

Ser+ com Saúde Emocional

sidade que temos de organizá-los para facilitar nossa compreensão.

Vejamos, a seguir, três tipos de liderança para refletirmos juntos:

- A Liderança pela Mente
- A Liderança pela Emoção
- A Liderança Sistêmica - Transliderança

A Liderança pela Mente
Este estilo é regido pelo hemisfério cerebral esquerdo, caracterizado pelo pensamento racional, pela razão e lógica, e está pautado em regras normalmente rígidas que definem os paradigmas a serem seguidos.

Nessa categoria, os líderes concentram-se muito nos fatos do passado para planejar o futuro e buscam no presente apenas as informações que podem se encaixar na lógica linear estabelecida, descartando normalmente todas as outras. Dessa forma, muitos dados ficam à margem, dificultando a condução e os resultados.

Sua vontade é soberana, habitualmente são "donos da verdade" e agem muito mais na corrente de pressão, no "tem que...". São competitivos, via de regra não pedem ajuda, não admitem o fracasso, têm sempre que ganhar e ainda do seu próprio jeito. O foco está no controle.

Algumas das consequências desse estilo de liderança para a saúde emocional:

• Pouco espaço para escutar as emoções, reprimindo-as, achando perda de tempo expressar os sentimentos;
• Sentimentos reprimidos não desaparecem. Eles buscam outras formas para se fazer presentes, seja paralisando a pessoa, seja provocando tensões e sintomas corporais e diminuindo sua vitalidade;
• Sentimentos reprimidos também criam mágoas e ressentimentos que deságuam em sucessivas vinganças, que provocam mais e mais mágoas e ressentimentos;
• Nesse ciclo vicioso, crescem as somatizações e as doenças físicas e emocionais;
• Restringe as possibilidades de criar e fortalecer vínculos, empobrecendo as relações e, consequentemente, o bem-estar e o prazer.

A Liderança pela Emoção
Este estilo de liderança é comandado pelo hemisfério cerebral

direito, caracterizado pelas emoções e pelo aqui e agora.

Os sentimentos regem suas relações e definem suas escolhas. Seu foco passa a ser as pessoas e o seu bem-estar, muitas vezes desfocando do propósito e das tarefas.

São líderes mais acolhedores e com mais disposição para ouvir e, muitas vezes, passam a mão pela cabeça, especialmente daqueles de quem gostam. São também mais dispostos a ter explosões de raiva, provocando desconforto, brigas e mal-entendidos, falando de forma impulsiva, via de regra com aqueles com quem não sentem afinidades.

Como as emoções têm a função de dar o tom, o clima e o movimento nas relações e na vida, um líder mais emocional tende a causar muitos reboliços e instabilidade entre momentos de alegria e tensão, provocando reações emocionais e somatizações nos ambientes por onde circulam. Nesse contexto, muitas vezes sentem dificuldade de assumir seu próprio papel de líder e, consequentemente, de desenvolver seus liderados.

Algumas das consequências desse estilo de liderança para a saúde emocional:

• A liberação desmedida das emoções também causa estragos, mágoas e ressentimentos, pois as palavras ditas no impulso não voltam atrás;
• Os vínculos se tornam instáveis e dependentes do movimento das emoções, horas em alta, horas em baixa, com muita variação de humor;
• É um campo fértil para a frustração, baixa autoestima e estresse;
• As somatizações e as doenças também crescem, especialmente a depressão.

Liderança Sistêmica - Transliderança
A Liderança Sistêmica – Transliderança busca a integração de toda a multidimensionalidade humana, pois reconhece que, como seres humanos que somos, possuímos as dimensões da mente, emoção, corpo, espírito, além de estarmos inseridos num contexto histórico-social.

Dessa forma, ela integra todas as informações vindas dos nossos cérebros, dos hemisférios esquerdo/racional e do direito/emocional, através do corpo caloso, o integrador, que viabiliza a conversa e a comunicação entre a razão e a emoção.

Essa integração é também facilitada pelas informações vindas do nosso cérebro mais antigo, o reptiliano e instintivo, através das sensações corporais, como também do cérebro pré-frontal, recentemente divulgado pela neurociência como responsável pela função integradora das informações dos pensamentos, emoções e sensações vindas do cérebro, trazendo-nos, dessa forma, a intuição, com os seus *insights* claros como a luz.

Algumas das consequências desse estilo de liderança para a saúde emocional:

• Equilíbrio e bem-estar, pois as escolhas do que falar e fazer são feitas após um olhar sistêmico, considerando todos os ângulos da questão e todas as informações das dimensões mental, emocional, corporal e espiritual;
• Diminui as fontes de estresse, aumentando a vitalidade e o entusiasmo pela vida e pelas pessoas;
• Esse estilo transcende a função convencional da liderança, ampliando sua missão para um Líder Educador e Terapeuta;
• A Liderança Sistêmica – Transliderança possibilita ao líder conectar com sua sabedoria interna e, assim, ampliar seus recursos para aperfeiçoar a si próprio e facilitar o aperfeiçoamento de todos que o rodeiam;
• Dessa forma, a Saúde Integral é viabilizada.
• Favorece um ambiente de Paz, pois reconhece que todos somos um!

A Liderança Sistêmica leva à ampliação da consciência, nos convidando a expressar nossas competências e sabedoria.

Maria Vilma Chiorlin & Leda Regis

Maria Vilma Chiorlin

Psicóloga, Psicodramatista (ABPS), Psicoterapeuta New-Reichiana, Transpessoal, Organizacional, *Coaching*, Terapeuta de Frequência de Brilho, Artista Plástica, Harmonicista. Certificada: Bioenergética (*Inter. Inst. for Bionergetic Analysis*, NY), Biossíntese (*Center for Byossinthesis Inter*, Suíça), Biosistêmica (*Scuola Italiana di Specializzazione in Psicoterapia Biosistemica*,IT), *Systemic Org. Constellations within the field of Systemic Coaching and Business Consulting*, Neurociência – Universidade da Inteligência. Fundadora do Método Chiorlin. Metodologia Terapia Organizacional.

Contatos:
www.mcvteor.com.br
mcvteor@cebinet.com.br
(11) 5572-4036

Leda Regis

Psicóloga, Fundadora da LM Desenvolvimento e da ONG CreSER. Mestra em Psicologia Social/Trabalho USP. Especializações: Grupo Operativo, Terapia Organizacional, Dinâmica Energética Psiquismo, *Pathwork*, Constelações Familiares e Organizacionais. Autora do livro *Grupo Multirreferencial*, e coautora de Liderança Sistêmica e Gestão de Pessoas. Prêmios Ser Humano ABRH-BA *Novas formas de impulsionar projetos sociais* e ABRH-SP *Gestão Sustentável através do desenvolvimento de pessoas*.

Contatos:
www.lmdesenvolvimento.com.br
leda@lmdesenvolvimento.com.br
(71) 3012-1841

Anotações

18

O *Coaching* e o resgate das emoções

Aprisionadas no fundo de nossos porões simbólicos como se fossem bichos inadequados à convivência em sociedade, as emoções são nossa parte mais viva e bela. Encerradas assim desde a infância, no entanto, limitam a expressão da individualidade e causam muitos problemas. Mas é possível reaprender a expressá-las de forma autêntica e positiva

**Mariana Viktor &
Marco Antonio Beck**

Mariana Viktor &
Marco Antonio Beck

O mundo é vasto e diverso – países, raças, culturas, biodiversidades, IDHs, Rockfellers comendo *sundae* com fios de ouro a 55 mil reais a tacinha e Estamiras que catam o próximo almoço no lixão do Jardim Gramacho. Mas não se deixe enganar. Por baixo da aparência multicor e polifônica de tudo, algo nos iguala. Cinco emoções. Famosos ou "zés-ninguém", eruditos ou analfabetos, modernos ou medievais, de Paris ou de Sobradinho, comendo luxo ou lixo, todos sentimos raiva, medo, tristeza, alegria e afeto. E todos, desde pequenos, somos reprimidos ao expressar essas emoções. Sentir raiva é feio, medo é sinônimo de covardia, tristeza é pra ser disfarçada, alegria demais incomoda e o afeto deve seguir regras pra ser considerado normal.

Agora pense comigo: o que acontece com o que é reprimido? Fica pequeno e atrofiado, feito pezinhos de gueixa, que eram enfaixados desde a infância pra parecer miniaturas mimosas nos sapatos de seda da estética social, ainda que as ataduras os deformassem e provocassem dores atrozes. O mesmo ocorre com as emoções. Quando somos crianças achamos – na verdade, temos certeza absoluta! – que nossos pais e outros adultos sabem o que fazem e fazem sempre o certo. Então, quando essas figuras de autoridade repetem e tornam a repetir que somos feios porque sentimos raiva, que somos covardes por ter medo, que temos de varrer a tristeza pra debaixo do tapete, que não podemos rir assim na frente das visitas e que nem sempre é ocasião de demonstrar afeto... Bem, quando isso acontece, as emoções vão se atrofiando, atrofiando, até se encolherem num cantinho escuro dentro da gente, tudo pra sermos aprovados por quem nos ama e quer o melhor pra nós.

O problema é que a gente cresce, os adultos já não podem impor suas verdades, mas seguimos reprimindo as emoções como se eles continuassem a ditar regras. Toda vez que brota em você uma raiva original, um medo concreto, uma tristeza verdadeira, uma alegria genuína ou um afeto incondicional, não é como se a voz daqueles adultos fizesse buuuu! e você pisasse no freio da emoção ou desviasse sua trajetória? Ainda escutamos o buuuu!, mesmo passados tantos anos da infância, porque internalizamos nossos pais, que internalizaram os pais deles, que internalizaram os pais deles, que internalizaram os pais deles e assim pra trás até nossos tatatatatata-tatatatataravós das cavernas.

Mas por que fazemos isso, mesmo quando descobrimos que é ruim? Será masoquismo? Negligência? Burrice? Não. Fazemos isso porque o cérebro aprendeu esse comportamento e o colocou no piloto automático. E porque nem sempre sabemos mais fazer de outro modo.

Ser+ com Saúde Emocional

Crença de criança

Embora seja mais avançado do que a mais avançada das tecnologias, nosso cérebro segue padrões. Ele leva muito tempo, por exemplo, pra aprender um comportamento e o automatiza assim que aprende – ou seja, não pensa mais no assunto. Vira um padrão. É o caso da fala. A criança demora pra juntar as palavras porque no início precisa achar cada uma delas na cabecinha e depois reuni-las numa frase. Soletrar "água" já é uma vitória, mas dizer "eu quelo água zelada" equivale a escalar o Everest. Nessa fase a criança é toda atenção e gasta muita energia pra aprender a linguagem e comunicar-se através dela.

Passado algum tempo, porém, a criança passa a articular frases conforme as ideias vão chegando, sem esforço nenhum. O cérebro já não precisa gastar energia escolhendo palavras, deixa a fala no piloto automático e vai cuidar de outras tarefas – e o mesmo vale pra qualquer comportamento adquirido: caminhar, andar de bicicleta, dar nó no cadarço, dirigir, ligar o rádio na Voz do Brasil (brincadeirinha!)...

Assim também acontece com as emoções. Após registrar repetidas vezes, em estado de total atenção, a censura dos adultos à expressão de nossa raiva, medo, tristeza, alegria e afeto, o cérebro conclui que as emoções não podem manifestar-se espontaneamente, aprende que deve reprimi-las e coloca esse aprendizado no piloto automático. É como um computador que roda o *software* mesmo que o programa contenha vírus. Pra justificar a autocensura, evitando que a gente a questione e corra o risco de expressar as emoções do jeito que aprendemos ser errado – e que vai magoar ou enfurecer nossos pais internalizados – protegemo-nos inconscientemente, sem perceber, atrás de um conjunto de crenças limitantes. Essas crenças mantêm uma parte da gente paralisada na infância enquanto as outras partes crescem, estudam, seguem uma carreira, casam, têm filhos, etc.

Uma crença limitante tem dois aspectos muito característicos: 1) sempre joga você pra baixo, apostando no seu dom de invalidar-se, e 2) não parece crença, mas uma verdade incontestável que ecoa na nossa cabeça repetindo veredictos:

Dizer o que penso é criar conflito e todo conflito é ruim... Expressar o que eu sinto é infantil... Só posso ser feliz por poucos momentos... Não me sinto bem sendo como sou, mas é o meu jeito... Sou um fracasso comparado com os outros... Se eu tomar uma atitude vai acontecer algo terrível... Negar as emoções faz com que elas desapareçam...

Você já ouviu essa vozinha seca?

O "grrrr" das emoções

Acontece que as emoções não são gueixas e, por mais engessa-

Mariana Viktor & Marco Antonio Beck

das que estejam, negá-las não faz com que desapareçam. Ao contrário: reprimidas, elas surgem onde menos se espera. É como naquele desenho animado onde o sujeito tapa o vazamento da represa com o dedo e o vazamento aparece noutro lugar, até que ele não tem mais dedos pra impedir que a represa vaze. Aí a raiva, ao invés de dar um tranco na inércia e espantar o medo, explode num acesso de fúria contra os filhos, o cachorro, o motoboy, o próprio sistema nervoso. O medo, ao invés de ensinar-nos a reconhecer limites e ser prudentes, amarra-nos os passos e ainda nos enche de culpa imaginária. A tristeza, ao invés de deixar a gente passar por ela inteiramente pra depois liberar o acesso a emoções mais profundas e positivas, joga-nos no sumidouro da depressão. A alegria, ao invés de trazer a sensação contagiante de celebração e leveza, transforma-se em contenção e escapismo. O afeto, ao invés de conectar-nos amorosamente aos outros, num transbordamento do corpo e da alma, vira isolamento e aridez interior. E como nossa vida é a permanente materialização do nosso pensar e sentir, onde vai parar quem passa décadas dando crédito à ladainha das crenças negativas e praticando o haraquiri da autocensura? Qual sua chance de ser verdadeiramente feliz se você atravessa os dias furioso, culpado, deprimido, contido e isolado?

Agora te pergunto: numa escala de 1 a 10, quanto você está disposto a comprometer-se para sair dessa?

Saia do *Matrix*

Se sua resposta equivale a um SIM! (maiúsculo e com exclamação), vou contar um segredo ao pé do seu ouvido: toda crença é adotada e, portanto, pode ser desadotada. Em nossa vivência profissional como *coaches* – incluindo seis anos de pesquisa nas áreas de comportamento, sexualidade e comunicação virtual para criar o site Eu & Nós, especializado em *Coaching* de Relacionamento – constatamos que uma crença limitante é desadotada quando o cérebro sai do piloto automático e se dispõe a encarar um novo aprendizado. Só que pra fazer isso ele precisa entrar outra vez em estado de máxima atenção, construir novas trilhas neurológicas e estabelecer um conjunto de crenças libertadoras que substituam as crenças que nos sabotam. No campo das emoções, isso significa acessar as memórias emocionais encolhidas naquele cantinho escuro e ressignificá-las a partir de uma reinterpretação da nossa própria história. Esse é o primeiro passo no *Coaching* de Relacionamento, já que antes de relacionar-se com o mapa mental e as emoções do outro, você se relaciona com suas emoções e seu próprio mapa mental.

Ao responder às perguntas simples e poderosas feitas pelo *coach*

Ser+ com Saúde Emocional

– que são baseadas em técnicas de autodescoberta derivadas da psicologia, da neurolinguística, da neurociência cognitiva e de outras áreas, mas baseiam-se antes de tudo num profundo respeito do profissional à SUA verdade – você tem a chance de rever e reinterpretar sua raiva, seu medo, sua tristeza, sua alegria e seu afeto com o olhar maduro do adulto que você é hoje e não com os olhos assustados da criança que você foi um dia e que ficou presa no passado. Essa habilidade de acessar, entender e canalizar as emoções para que elas ajudem o pensamento em vez de distorcê-lo é o que se chama Inteligência Emocional.

Com certeza não faz cócegas reconhecer que, devido a crenças errôneas, a expressão de suas emoções permaneceu infantilizada durante tanto tempo, desvalorizando seu jeito original de estar no mundo e impedindo-o de honrar sua própria trajetória e celebrar a vida, mas tenha certeza de que esse reconhecimento é o primeiro passo para a cura emocional e o único modo verdadeiro de mudar.

Mudar de dentro pra fora, sinônimo de brotar. Pra mudar assim eu preciso "confiar no meu taco". Pra confiar no meu taco eu preciso gostar de mim. Pra gostar de mim eu preciso aceitar ser quem sou. Pra me aceitar eu preciso acreditar que mereço. Pra acreditar que mereço eu preciso substituir minhas crenças. Pra substituir minhas crenças eu preciso mudar meu olhar sobre mim mesmo. E pra mudar meu olhar sobre mim mesmo eu preciso trocar "eu preciso" por "eu quero".

Agora te pergunto: numa escala de 1 a 10, quanto você está comprometido a **querer**?

Mariana Viktor & Marco Antonio Beck

Mariana Viktor

Professional & self coach com certificação internacional, especializada em *coach* de relacionamento, formada em jornalismo, onde se especializou nas áreas de autodesenvolvimento, saúde holística e sexualidade. Escreveu pra Vida Simples, Galileu, Marie Claire, Bons Fluidos, Educação, Ana Maria, Viver Psicologia e Claudia, entre outras. Foi colunista das revistas Viva Saúde, Corpo a Corpo, Meu Nenê e Atrevida, e voltou pra Atrevida assinando a coluna Ficadas e Rolos (na edição impressa, onde responde perguntas das leitoras... com outras perguntas! Afinal, as perguntas certas têm mais poder pra mudar a vida da gente do que certas respostas – o que é um dos segredinhos da metodologia fascinante do *coaching*.)

Marco Antonio Beck

O Marco nasceu em Porto Alegre num inverno frio "barbaridade, tchê!" e como todo geminiano apaixonou-se desde cedo pelas palavras e seu poder de iluminar cantos escuros dentro da gente – o que é um dos sinônimos de curar. *Professional & self coach* com certificação internacional, estudou Psicologia Junguiana, Programação Neurolinguística, Noética e pensamento sistêmico, além de trabalhar como *ghost-writer* – que é quem coloca em palavras as ideias de muitos autores que você lê. Como resultado da sua experiência humana e profissional, criou junto com a Mariana o Eu & Nós, primeiro site do Brasil sobre *coaching* de relacionamento, um projeto que envolveu seis anos de pesquisa na área de comportamento, sexualidade e comunicação virtual.

Anotações

19

Saúde Financeira

Para chegarmos ao verdadeiro sucesso financeiro, precisamos aprender a conhecer o mundo das emoções e entender qual emoção está por trás de cada comportamento. Somos mais resultado de nossas emoções do que de nossas habilidades técnicas

Naila Trícia do Espírito Santo

Ser+ com Saúde Emocional

Naila Trícia do Espírito Santo

Saúde é escolha! Sem qualquer sombra de dúvida somos os nossos hábitos diários. Está passando da hora de escolher o bem viver e viver bem melhor. A saúde financeira é um novo caminho para uma vida muito mais saudável.

Cultivar uma vida saudável pode prevenir 80% das doenças crônicas.

O mundo moderno, repleto de tecnologia e informação, fragmentou o conhecimento de tal forma que a medicina tem o seu foco em especialidades. E por que não dizer subespecialidades? O ser humano também está subfragmentado e o médico moderno está sendo treinado para focar nas subpartes de um todo. Assim, cuidamos do corpo, ou seja, da saúde física, a maior parte do tempo, esquecendo-nos de outros aspectos da saúde como a saúde mental e a saúde espiritual.

O verdadeiro médico nunca separa a parte do todo. Qual aspecto da saúde é afetado em um paciente cuja causa da insônia são as dívidas acumuladas? Poderíamos acrescentar mais um subtipo a nossa saúde: a saúde financeira. Um aspecto de sempre que não aprendemos como seres humanos nem como médicos a tratar como parte da saúde. Há quanto tempo temos negligenciado a saúde financeira em nossas vidas? A saúde financeira é ditada pelo comportamento financeiro, que está diretamente ligado ao dinheiro, o qual, por sua vez, pode ser sinônimo de quase tudo. Mas exige de nós uma atenção especial que ainda não está disseminada na sociedade.

Toda pessoa deve prestar atenção para não ser vítima de qualquer tipo de condicionamento. Todo indivíduo é passível de ser condicionado. Esse condicionamento é disparado por pessoas, situações e resulta em comportamentos previsíveis. No lugar de agir, reagimos. Essas reações condicionadas são iguais ao experimento de Pavlov, que demonstrou que um cachorro é capaz de salivar simplesmente ao ouvir o som de uma campainha, depois de ter sido assim treinado.

Quando sucumbimos a uma reação condicionada, estamos exercendo nosso livre arbítrio, ou seja, estamos escolhendo, porém inconscientemente. Precisamos compreender que somos condicionados e condicionáveis. Portanto, as escolhas são nossas, mesmo que inconscientes. Tornar conscientes nossas escolhas é transformador. E é isso que precisamos: fazer escolhas conscientes. Podemos escolher ser saudáveis, inclusive financeiramente. Para isso, precisamos repensar nossos hábitos.

Bem antes de nós, o filósofo grego Aristóteles já dizia: somos os hábitos que repetimos no dia a dia. Repensar nos convida a buscar a compreensão do que nos motiva, isto é a causa e não julgar, a reação exterior. O que impulsiona uma pessoa a se deslocar para Miami com a intenção de comprar um novo relógio de grife e voltar com seis? Afinal, quantos braços possuímos? Será que para estarmos sintonizados com o desenvolvimento tecnológico precisamos consumir os mais novos modelos de computadores, celulares e afins? Será que o sucesso de alguém pode ser realmente medido através de seus bens conquistados? Mesmo numa sociedade capitalista, na qual o dinheiro possibilita poder e uma vida mais confortável, é cada vez mais reconhecido que a qualidade de vida é o maior bem a ser conquistado.

Para chegarmos ao verdadeiro sucesso financeiro, precisamos aprender a conhecer o mundo das emoções e entender qual emoção está por trás de cada comportamento. Somos mais resultado de nossas emoções do que de nossas habilidades técnicas. As habilidades técnicas são aprendidas em cursos, palestras, seminários, por meio do estudo e da experiência. Qualquer habilidade técnica que se tenha adquirido para lidar com o dinheiro pode ser sabotada por emoções inadequadas. Caso contrário, todo economista ou gerente de banco seria rico, nenhuma superpotência perderia a hegemonia econômica e nenhum país entraria em recessão. Portanto, a educação emocional deve vir em primeiro lugar.

O comportamento ditado por emoções é incompatível com o sucesso financeiro e, consequentemente, com a saúde financeira. As coisas não dão errado. Somos nós que fazemos com que elas deem errado. Assim, emoções inadequadas como a vaidade, a inveja, a cobiça, a ostentação e o impulso consumista podem nos destruir, levando ao empobrecimento até mesmo daqueles que acreditam que ganham bem. O desequilíbrio financeiro pode levar a queda da autoestima e a várias doenças como depressão, ansiedade, síndrome do pânico e até mesmo a doenças autoimunes como o lupus, a artrite reumatoide e o hipotireoidismo. No âmbito familiar, esse desequilíbrio se manifesta na desarmonia do lar e na consequente ruptura das relações, sendo uma das principais causas de separação conjugal.

Para alcançarmos a saúde financeira, torna-se necessário desenvolver a nossa inteligência emocional: aprender a pensar antes de reagir, aprender a gerenciar os nossos pensamentos e aprender a colocar os nossos verdadeiros sonhos como prioridade. Ou seja, é preciso cuidar de fato das nossas emoções. Para afastar as emoções adversas, precisamos de humildade e serenidade, podendo assim construir e viver um processo de evolução mental e psicológica. Neste contexto, surge um novo papel para o terapeuta, o de terapeuta financeiro. Para o contador, o administrador, o consultor financeiro e outras profissões afins surge a necessidade de desenvolver as habilidades do terapeuta como forma de impedir que as emoções adversas transformem nossas vidas numa tragédia. Não podemos permitir que aconteçam em nossas vidas crises como a atual vivenciada pela União Européia.

Houve um momento em que todos os problemas foram atribuídos à moeda de integração da comunidade econômica européia: o euro. Na verdade, são as diferenças de poder aquisitivo, de capacidade tecnológica, de padrão de consumo que estão na origem dos problemas do velho continente. Não podemos hoje ficar na contemplação de um único fenômeno para vivermos e participarmos da construção da sociedade mundial deste início do século XXI. O mundo não carece apenas de uma reestruturação econômica, ele depende de uma terapia financeira que leve em consideração novos valores que tendem a ser universalizados. Esse é o ponto: investir tempo e dinheiro para trabalhar a nossa mente, como forma de treinamento de nossas emoções, para uma vida integralmente saudável.

Criaremos assim, no lugar da atual geração de consumidores endividados, uma nova geração de cidadãos atentos e comprometidos com a qualidade de vida de todos, saudáveis e independentes financeiramente. Assim, chegaremos ao estado de apatheia, o "estado não patológico do ser humano". O ser humano capaz de amar e de servir, sem nada esperar em troca.

Ser+ com Saúde Emocional

Naila Trícia do Espírito Santo

Médica formada pela UFMG, especialista em Reumatologia e Acupuntura. Professora do curso de medicina e coordenadora do curso de reumatologia da Universidade de Alfenas-UNIFENAS. Palestrante e Educadora Financeira. Disseminadora da Metodologia comportamental DSOP. Treinadora comportamental formada pelo IFT (Instituto de Formação de Treinadores)-SP. Formação em Gestor *Coach* pelo IPOG (Instituto de Pós-Graduação de Goiânia).

Contato:
naila.educacaofinanceira@gmail.com

Anotações

20

Desenvolvendo a Saúde Emocional!

Saúde Emocional! Pode ser aprendida? Ou treinada?

Nazareth Ribeiro

Ser+ com Saúde Emocional

Nazareth Ribeiro

A Organização Mundial de Saúde define saúde emocional como "um estado de bem-estar onde o próprio indivíduo realiza suas habilidades, lida com os fatores estressantes de sua vida, trabalha de forma produtiva e é capaz de contribuir com a sociedade". Ou seja, segundo esta definição, se a pessoa consegue lidar com as adversidades cotidianas, aprendendo a lidar com suas emoções e seus problemas, esta pessoa goza de boa saúde emocional.

Se, além disto, ela é capaz de ver o lado bom das experiências que vivencia, mesmo as mais negativas, e com elas aprende e se fortalece emocionalmente, então esta é uma pessoa resiliente (capacidade que o ser humano tem de lidar com as adversidades do dia a dia). A resiliência é uma competência que leva a pessoa a superar e lidar melhor com as dificuldades que encontra em seu caminho.

A Inteligência Emocional pode ser desenvolvida e uma das formas é estabelecer um programa onde habilidades pessoais tais como persuasão, carisma, empatia, sociabilidade, comunicação, motivação, positividade e resiliência possam ser trabalhas e treinadas. O ser humano é um ser social por natureza e quanto mais ele se coloca na situação de convivência, mais será capaz de desenvolver a competência social.

Passos simples podem representar grandes ganhos. Pensar e ter atitudes positivas em direção à vida mais plena, mais equilibrada, saudável e feliz. Em alguns casos, simplesmente trocar a ordem das tarefas cotidianas já faz uma grande diferença. Comer alimentos saudáveis, atividade física, relacionamento interpessoal, família, trabalho, bom humor, rever crenças e valores, são pontos que devem ser considerados quando se deseja desenvolver a saúde emocional. Estabelecer seu projeto de vida, registrar seus objetivos e traçar suas metas, e então levar seu plano para a ação. Afinal, o que é o ser humano senão um grande projeto? Uma boa dica é fazer uma lista de seus pontos fortes e fracos, ficar atento a eles e, assim, buscar uma estratégia para desenvolvê-los. Insistindo, acreditando, investindo e superando as dificuldades para então celebrar a vitória! Se errar, faça novamente, de outra forma, mas faça!

"Insanidade é continuar fazendo sempre a mesma coisa e esperar resultados diferentes..."
Albert Einstein

A inteligência emocional é hoje a mais valorizada entre as competências humanas, principalmente quando se pensa em um profissional valorizado no mercado de trabalho competitivo atual. Saber fazer correlações assertivas entre seu conteúdo acadêmico e sua aplicação prática, sendo competente tanto nas atribuições inerentes ao seu cargo como em lidar bem com as adversidades cotidianas e com suas relações interpessoais, sendo flexível, respeitando seu limite e o do outro, valorizando seu lazer e descanso para seu corpo e sua mente são competências importantes para se alcançar o sucesso.

Podendo estar entre as inteligências múltiplas do ser humano, a saúde emocional encontra sua máxima quando consegue um equilíbrio entre profissão, relacionamento social, descanso e lazer, estabelecendo um vínculo positivo e agradável com seu trabalho, agregando maior valor ao resultado final.

Um estudo realizado em Harvard pelo professor John Kotter concluiu que, dentre os alunos que ele acompanhou (durante os 20 anos de sua pesquisa), não foram os alunos com os melhores resultados acadêmicos que obtiveram melhor resultado e reconhecimento profissional, e sim os mais evoluídos emocionalmente, aqueles que conseguiram fazer aplicações na prática mais adequadas do conteúdo aprendido anteriormente.

Estudos atuais apontam o QE (Quociente Emocional) como o fator com maior peso na qualificação do profissional, aquele que vai além das expectativas, que é mais criativo e empreendedor. Daniel Goleman (1995) afirma que fatores ligados às competências comportamentais são mais importantes para a conquista do sucesso pessoal e profissional do que os conhecimentos adquiridos na escola.

Para ele, a pessoa com autoconsciência poderá desenvolver maior autocontrole, controlando as emoções negativas, minimizando possíveis reações de estresse, fadiga e mal-estar. Diz que a forma como a pessoa lida com suas emoções vai construindo sua inteligência emocional dia após dia, experiência após experiência.

Fatores comportamentais e emocionais estão diretamente relacionados ao sucesso e realização de quem apresenta o QE. A atitude mental positiva em relação à vida leva o ser humano a fazer melhores escolhas e a executar melhores estratégias para suas realizações, buscando a execução e realização dos seus projetos, dando sentido à sua vida!

Considerando o homem como um devir (vir a ser), que acredita a Psicoterapia Existencial, o homem é um "ser" a construir-se a cada dia, remetendo-se à angústia da responsabilidade de suas próprias escolhas.

Quando uma pessoa busca a psicoterapia, supõe-se que ela tenha uma dor, física ou emocional, onde o simples ato de escolha de um terapeuta mostra que ela está focando na melhora, na mudança, disposta a elaborar seus traumas, rever seus conceitos, suas crenças e valores, buscando amadurecer emocionalmente, escolhendo uma vida mais saudável e feliz. Desenvolvendo habilidades cognitivas, sociais e emocionais, onde a pessoa se coloca disponível para tal, vivencia situações que a possibilitam "reparar" suas dificuldades e a aprender novos padrões de atitudes. Cito a psicoterapia como um recurso valioso, que ajuda a pessoa a se sentir mais segura, aprender a lidar com suas perdas e administrar melhor suas emoções. O Psicoteraeuta escolhido deve ser experiente, sensível e criterioso para que cada cliente seja tratado de forma personalizada e responsável.

Existem sintomas psicossomáticos que causam dor e precisam ser tratados adequadamente. Conflitos emocionais que podem levar a sintomas ou doenças físicas e vice-versa. A rigor, o organismo saudável é aquele em que todas as suas funções estão em pleno funcionamento, de forma harmônica. O tratamento multidisciplinar, onde várias possibilidades terapêuticas se unem em prol do melhor atendimento e plenitude de vida do cliente é a melhor abordagem de tratamento.

Dentre as competências que podem ser desenvolvidas, está a habilidade de ser otimista. A pessoa otimista pensa no lado bom da experiência e confia em si e em seu projeto. A Programação Neurolinguística (PNL) também é um recurso que valoriza a importância do pensar e usar palavras positivas para levar o indivíduo a reagir de forma mais assertiva em relação à sua vida. Criar o hábito de trocar palavras negativas por palavras positivas e de motivação pode programar o cérebro a pensar positivo, a ter boas expectativas, a perceber os desafios de forma mais natural e, então, estar mais aberto a investir verdadeiramente em seus projetos. Fazer escolhas saudáveis e transformar essas escolhas em hábitos diários, ajudando o cérebro a manter-se saudável e ativo, vai interferir diretamente no bem-estar geral, desenvolvendo a saúde emocional em cada ação e valorizando a conscientização da necessidade de um ambiente físico melhor, interagindo com o cuidado e a preservação do local onde vive. Estas são algumas ações simples que constroem seres saudáveis dia após dia.

Contudo, se queremos falar em alta tecnologia, hoje podemos contar com informação avançada sobre fisiologia cerebral que tem facilitado bastante na escolha por técnicas de atendimento mais modernas.

É a tecnologia avançada a serviço da consciência e de melhor qualidade de vida. Neste contexto, o *neurofeedback* é uma técnica que possibilita relacionar estados fisiológicos do cliente a seus estados emocionais. Considerando que todos os estágios acontecem simultaneamente, em interação contínua, sem interrupção, possibilitando a busca do equilíbrio entre as funções do corpo e da mente. Esta é uma valiosa ferramenta no processo de busca da saúde em termos gerais, através de um treinamento por condicionamento operante.

Ser+ com Saúde Emocional

É a busca da saúde física e mental em todas as suas possibilidades!
Este é um trabalho que, inicialmente, tira o profissional da zona de conforto. Isto porque existe um longo caminho de muito estudo, investimento financeiro, emocional e de tempo até que ele se sinta pronto e seguro para atender e ajudar seu cliente. Posso adiantar que cada minuto gasto em estudos, pesquisas e treinamento é valioso e leva o treinador em *biofeedback* a compartilhar com seu cliente um caminho de interação, responsabilidade e conquistas positivas. Este é um poderoso recurso, que oferece informações valiosas sobre o cliente, em tempo real.

Usando apenas um pequenino aparelho amplificador de ondas cerebrais, sensores estrategicamente colocados no couro cabeludo do cliente e um computador. A avaliação fisiológica, se junta a uma avaliação psicológica, feita através de um extenso questionário que estabelece objetivos claros sobre a expectativa do cliente com o atendimento, oferecendo um panorama geral sobre esta pessoa, o que vai ajudá-la a alcançar a capacidade de autorregulação, aprendizado e superação. (Mais informações sobre *neurofeedback* no artigo: *Coaching e Neurofeedback*: Uma Parceria de Sucesso, no Manual Completo de *Coaching*, Ribeiro 2011).

Ao avaliar o cérebro do cliente através da gravação de suas ondas cerebrais, de cada área do seu cérebro, é possível conhecer seus sintomas, suas dificuldades, seus objetivos e suas habilidades e conhecendo como seu cérebro funciona, descobrir o que pode estar determinando a forma como ele se sente atualmente e então treinar este cérebro para minimizar seus sintomas indesejáveis e limitantes e desenvolver competências positivas. O *Neurofeedback* é uma técnica que leva o cérebro a um maior equilíbrio funcional, buscando maior bem-estar e alta *performance*.

É possível perceber que existem várias formas de desenvolver melhor saúde emocional, desde passos simples até a mais avançada tecnologia.

Utopia ou não, cada um, de acordo com sua realidade, pode aproveitar as oportunidades e fazer do limão uma deliciosa limonada, e ir à busca desta tal felicidade!

Nazareth Ribeiro

Psicoterapeuta, formação na Abordagem Humanista-Existencial, e Abordagem Existencial. Psicossomaticista pelo Instituto de Medicina Psicossomática, Especialista em Clínica e em Educação conferido pelo C.R.P. É diretora da APTA Psicoterapia e *Neurofeedback*. *Coaching* de Vida e Carreira e PNL. Membro fundadora da Associação Brasileira de *Biofeedback* (ABBIO). Atendimento em Psicoterapia, Análise Vocacional e *Neurofeedback*, consultório particular no Rio de Janeiro e *Coaching* e Orientação Profissional no formato online, clientes no Brasil e no exterior, selo regulamentado conferido pelo CFP (Conselho Federal de Psicologia). Ministrante e coordenadora dos cursos: Teoria e Prática Supervisionada em Análise Vocacional; Teoria e Prática em Psicoterapia Existencial; *Coaching* TDAH e Cursos sobre *Neurofeedback*. Coautora do *Manual Completo de Coaching* e vários artigos publicados. Palestrante e Professora Universitária.

Contatos:
www.nazarethribeiro.com
www.aptapsiconeuro.com.br
www.nazarethribeiro.blogspot.com.br
nazarethribeiro@nazarethribeiro.com
(21) 3875-6767 / 2178-2211 / 3063-7400

Anotações

21

Saúde Emocional para enfrentar o mercado de trabalho

Enfrentar o mercado de trabalho, para a grande maioria das pessoas é uma tarefa estressante, pois, além de lidar com as exigências para os cargos, é necessário lidar com emoções como ansiedade, nervosismo, insegurança, medo, angústia, entre outros. A seguir, veremos algumas situações que interferem no nosso estado emocional e que podem influenciar a forma de nos posicionarmos no processo de seleção

Paloma Marzotto

Paloma Marzotto

Sabemos que hoje em dia a busca por um emprego não é fácil e que o mercado de trabalho, além de ser competitivo, é extremamente exigente. Em todos os níveis, desde cargos operacionais até os cargos estratégicos e de gestão, as empresas estabelecem que os ocupantes da função sejam cada vez mais qualificados e com inúmeras habilidades. Enfrentar o mercado de trabalho se tornou uma difícil e árdua tarefa, causando desgaste a quem se propõe a enfrentá-lo. Participar de processos de seleção desperta diversos sentimentos e emoções que conhecemos bem: angústia, ansiedade, nervosismo, insegurança, medo, entre outros. E sabemos também o quanto esses sentimentos e emoções influenciam nossas atitudes e comportamentos.

Muitas vezes nos questionamos por que reagimos de uma determinada maneira em uma situação de avaliação e de entrevista. Quando estamos sendo avaliados, passamos por uma situação que não conhecemos bem e que não sabemos ao certo o que está sendo analisado, assim sendo, temos que sair da nossa posição de conforto para enfrentar uma situação desconhecida e inesperada. A sensação de passar por algo novo causa desconforto e, algumas vezes, como no caso de estar sendo analisado, nos traz a percepção de que é algo ruim, de algo que não queremos ter contato. Por isso, a grande maioria das pessoas acha desagradável participar de entrevistas ou dinâmicas na busca por um emprego.

Na verdade, quem está no papel de avaliado dificilmente saberá o que a pessoa que está avaliando quer e o que ela espera do candidato, visto que cada empresa tem suas particularidades. Essas particularidades como, por exemplo, competências essenciais, valor e cultura organizacional, são singularidades das empresas que, muitas vezes, desconhecemos e que são avaliados juntos ao perfil específico e exigências para um determinado cargo. Por esses motivos, quando participamos de um processo de seleção, o que está sendo estudado é um verdadeiro enigma. Já que é difícil sabermos o que o recrutador espera, a melhor forma de termos uma boa performance em uma entrevista é controlar as nossas emoções, conhecendo bem o que nos desperta nessas situações e, o mais importante, aprender a lidar com elas.

Quando saímos de um processo de seleção, sempre temos uma sensação, boa ou ruim, do nosso desempenho. Essa sensação que temos é baseada nas emoções que sentimos no momento da avaliação (que não sabemos ao certo o que está sendo exigido e avaliado) e de como conseguimos controlá-las. Ao finalizarmos, se estamos confiantes e seguros é porque conseguimos lidar bem com as nossas emoções no momento da avaliação, o que possivelmente trouxe segurança para que o discurso e atitudes tenham sido concisos, claros e objetivos. Ao passo que, quando saímos com uma sensação de que o nosso desempenho não foi da forma que desejávamos, é muito provável que nos deixamos influenciar negativamente por nossas emoções, ou seja, deixamos que o

Ser+ com Saúde Emocional

nervosismo, a ansiedade e a insegurança tomassem conta do momento. Existem também diversas variáveis que influenciam diretamente em nosso estado emocional, que são importantes ressaltar, pois, dependendo desta influência, podemos ter ganhos ou perdas no processo seletivo, que citarei nos tópicos a seguir:

A falta de preparo para participar de processos de seleção

Quando decidimos enfrentar o mercado de trabalho, devemos estar cientes que o preparo para participar de uma entrevista ou de uma dinâmica de grupo é de grande importância e começa com simples fatores, mas de grande influência:

- Conhecer a empresa onde se candidatará (quando o nome da empresa é divulgado);
- Programar-se ao horário que foi agendado a entrevista/dinâmica;
- Usar vestimentas adequadas para o processo seletivo;
- Alimentar-se adequadamente;
- Estar descansado o suficiente.

Os tópicos acima citados são significantes para que eliminemos possíveis estresses, evitando comprometermos a participação e desempenho no processo seletivo. Esses fatores estão diretamente ligados ao controle emocional da situação e, quando damos a devida importância, sentimo-nos seguros e confiantes, interferindo positivamente na avaliação.

A busca por um emprego: estando empregado X estando desempregado

Quando não estamos contentes ou felizes com o atual emprego, passamos a procurar no mercado o que existe de interessante. Ao realizarmos a busca por uma nova colocação, estando empregado, sentimo-nos mais confiantes, afinal, a situação é mais confortável do que quando estamos desempregados. Estando empregados, por mais que participemos de inúmeros processos seletivos, temos a certeza de que as contas serão pagas e que não haverá prejuízos financeiros. Já, ao contrário, quando estamos desempregados, a busca é mais desgastante, pois não existe a garantia do emprego, e, com isso, a incerteza de pagar as despesas mensais. Na segunda situação, os sentimentos de insegurança e ansiedade estão mais aflorados do que da primeira situação. Com isso, é extremamente importante o indivíduo conhecer bem seus sentimentos e emoções a fim de evitar que isso influencie negativamente em um momento crítico em que é necessário se expor e enfrentar uma situação desconhecida. Controlando as emoções, teremos maiores chances de ocupar o cargo e a posição que buscamos e almejamos. Evidenciando nervosismo e ansiedade, deixamos margem para que quem está avaliando duvide da capacidade de lidar com situações difíceis e de maior responsabilidade.

Paloma Marzotto

Expressando as emoções através da linguagem corporal
Não podemos esquecer também que expressamos nossas emoções através do comportamento não verbal, ou seja, da forma que nos expressamos através de nossos gestos e expressões corporais. Nosso corpo transmite uma linguagem que não mente e que emite uma série de informações a nosso respeito. Uma pessoa que se diz muito interessada em uma oportunidade, mas que sua postura "mostra" desânimo, demonstra, assim, sua "real" disposição e interesse para com aquela vaga. Fica claro para quem avalia que o interesse por aquela posição não é tão grande quanto ao que pessoa verbalizou. Muitas vezes o discurso não condiz com a expressão corporal. Devemos estar atentos à forma como nosso corpo expressa as emoções. Quando demonstramos um interesse genuíno em uma oportunidade, e quando conhecemos as nossas emoções, nosso corpo "fala" através de uma postura que evidencia confiança e interesse. Nas interações, a comunicação não verbal está presente em toda e qualquer exteriorização, por sermos seres multissensoriais e, considerando que compreendemos os outros não somente pela fala, é importante darmos atenção às mensagens que emitimos através da linguagem corporal. E, como somos inteiramente ligados às nossas emoções, estas influem diretamente nas expressões faciais, gestos e posturas. Caso estejamos ansiosos, estressados ou nervosos em uma entrevista ou em uma dinâmica de grupo, nosso corpo não disfarçará essas emoções.

A influência dos problemas cotidianos
O momento presente que vivemos, seja bom ou ruim, também influencia diretamente na forma como nos sentimos e nos posicionamos diante de um processo seletivo. Se estivermos passando por um momento ruim, de incertezas, ou quando estamos tristes por quaisquer que sejam as circunstâncias, se não prestarmos a devida atenção de como isso pode influenciar em uma entrevista ou em uma dinâmica de grupo, o resultado poderá ser desagradável. Em um momento ruim, nosso esforço para demonstrar o nosso potencial é muito maior do que quando estamos em um bom momento. Outro sentimento relacionado a problemas particulares podem preponderar negativamente sobre a nossa comunicação, expressão e postura, como, por exemplo, a tristeza. A tristeza causa um grande sofrimento e resulta em desmotivação, falta de ânimo, desesperança e abatimento físico.

Quando estamos bem, os sentimentos de alegria, otimismo e esperança fazem com que tenhamos motivação suficiente para que tudo flua de forma positiva, resultando em uma comunicação eficiente e nos tornando capazes de realizar tarefas e ações para ter sucesso e alcançar os objetivos do processo de seleção.

Mas como se sair bem em um processo seletivo? O que devo fazer para que minha avaliação em uma entrevista ou dinâmica de grupo não

Ser+ com Saúde Emocional

seja prejudicada pela negativa influência das emoções? Autoconhecimento e autocontrole são as palavras-chave para obter sucesso em um processo de seleção. Quando nos conhecemos o suficiente para controlar nossas emoções, ou seja, quando temos saúde emocional, o resultado será satisfatório, pois teremos segurança ao passar por um momento de exposição e se mostrar capaz para ocupar uma posição de interesse. Tendo controle emocional, reduzimos significativamente os níveis de estresse, ansiedade e nervosismo causados pelo medo do desconhecido que uma entrevista ou dinâmica de grupo podem gerar. Ter saúde emocional é essencial para estar preparado para a busca de uma colocação.

Paloma Marzotto

    Psicóloga formada pela Faculdades Metropolitanas Unidas, pós-graduada em Gestão Estratégica de Pessoas pela Universidade Presbiteriana Mackenzie e *Coach* pela Sociedade Brasileira de *Coaching*. Atuando há mais de 10 anos em Recursos Humanos com sólida experiência em Captação e Seleção de Pessoas, Avaliação por Competências e Carreiras. Atualmente sócia da consultoria *Puzzle* RH, empresa que atua como *Business Partner* de seus clientes, contribuindo para que a gestão de pessoas resulte no sucesso organizacional. Atua também com *Personal & Professional Coaching*.

Contatos:
www.pzlrh.com.br
paloma@pzlrh.com.br
(11) 3715-8677

Anotações

22

Ser feliz

"Se um ser humano decide ser feliz, nada na Terra tem o poder de fazê-lo ser o contrário".
Uma Krishnamurthy

Priscila Lima de Charbonnières

Ser+ com Saúde Emocional

Ser feliz é uma decisão a ser tomada.

A felicidade não está relacionada aos acontecimentos da vida, e sim à forma como lidamos com eles. Está diretamente relacionada ao ângulo pelo qual olhamos cada situação.

Há um dito popular que ilustra isso com tremenda simplicidade: "Quando duas pessoas olham para o mesmo copo de água pela metade; uma o vê quase cheio e a outra o vê o quase vazio". Ou seja, tudo é uma questão de prisma.

Olhe para a natureza, para as estrelas, sinta a existência e você verá que tudo vibra em perfeita harmonia. Perceberá como se sentirá feliz. Harmonia é igual à felicidade. Quando nos desarmonizamos, nos distanciamos da nossa felicidade.

A decisão que uma pessoa toma de ser feliz está na escolha de voltar para o centro do seu ser, para a sua consciência e harmonizar seus sentimentos, pensamentos e ações.

Se você tem um determinado pensamento e um sentimento oposto, você acaba agindo de forma não alinhada com o que pensa ou com o que sente. Resultado: surgem os conflitos internos, você perde a clareza, a visão e o propósito. E então fica difícil ver o melhor ângulo dos acontecimentos.

Nossos pensamentos geram sentimentos, nossos sentimentos nos impulsionam a agir.

Quando este processo é natural e harmonioso a visão fica mais clara, nos sentimos mais felizes e preservamos a nossa saúde emocional.

Estados emocionais sadios tornam nosso olhar mais luminoso, tanto para o interior quanto para o exterior.

A saúde emocional depende do quanto estamos alerta: alerta para conhecermos nossas emoções negativas e transformá-las em positivas, alerta para sermos empáticos; compreendermos as emoções negativas alheias, mas não nos identificarmos com elas.

A empatia

Empatia nos dá a capacidade de compreender o sofrimento da outra pessoa sem sofrer junto e, dessa maneira, ter mais condições de ajudá-la.

Só quando conseguimos nos manter neutros ou positivos em relação à determinada situação é que podemos levar outra pessoa para uma esfera mais luminosa e feliz.

Conhecer-se

O autoconhecimento é um elemento essencial para ser feliz. Permite-nos enxergar as sutilezas daquilo que realmente pode fazer bem à nossa alma, aos desejos mais íntimos.

Estamos em um tempo contaminado por consumo compulsivo, triunfos do ego, culto à imagem e ao poder.

Pessoas que poderiam ter sido artistas tornaram-se homens de negócios. Outras que poderiam de ter sido médicos tornaram-se engenheiros. As pessoas fazem coisas que nunca quiseram fazer apenas para atingir determinadas posições sociais. Isso só pode trazer infelicidade.

É preciso conhecer e respeitar o desejo da alma e seguir uma vida com significado e propósito.

O conhecer da nossa personalidade e da nossa alma, a reflexão do sentido da vida e respirar de forma consciente, nos afasta das ilusões.

Percepções apressadas podem nos levar a estados de euforia momentâneos, mas a felicidade é mais profunda. Não é momentânea, é plena. É o retorno à nossa essência.

Nossas emoções estão intimamente ligadas à perspectiva com a qual olhamos para os acontecimentos.

O desejo real de ser feliz requer determinação, encorajamento.

Ao decidir ser feliz, a melhor coisa que você pode fazer é a autorrealização. Uma pessoa realizada influencia muitas outras a se realizarem. Pessoas realizadas são mais felizes e naturalmente meditativas, empáticas e contemplativas. Aumentam seus horizontes de consciência.

Para enxergamos nosso potencial de felicidade e de equilíbrio emocional, precisamos evitar a extrema racionalização da vida.

Se nos distanciamos de nossos sentimentos e pouco percebemos ou escutamos nossa consciência, sofremos um represamento de emoções.

Emoções negativas também precisam ser vivenciadas e colocadas para fora. Comprimidas, elas explodem com potência devastadora, contaminando nossa percepção. É preciso limpar a caixa de Pandora, trabalhar o que há de mais obscuro e viver o esgotamento desse conteúdo. Só assim podemos trilhar o caminho daquilo que pensamos, percebemos, sentimos e intuímos de forma mais sincera.

Reprimir uma emoção é o caminho para que ela te acompanhe por toda uma vida e obstrua os caminhos para a felicidade.

A felicidade surge quando sua vida é compatível com o que você é. Quando sua personalidade se encaixa na sua alma.

A percepção

Rotinas agressivas de tarefas ligam o piloto automático em nossas vidas. Deixamos de perceber nossas essências e, consequentemente, deixamos de perceber o que realmente amamos.

Se você ama sua vida e realmente ama o que faz, você se torna feliz e nada o pode desviar.

A felicidade é também fruto da plena percepção e vivência do momento presente. A experiência da felicidade depende, portanto, da nossa percepção, que, por sua vez, precisa estar saudável, translúcida.

O caminho
A compreensão de nossas emoções é uma grande aliada para a vivência de nossa felicidade.

Nós temos emoções negativas geradas, por exemplo, pelo excesso de competitividade da vida moderna. Temos emoções humanas, como, por exemplo, amizade e felicidade, e temos emoções divinas, como amor incondicional, gratidão e coragem, além dos estados de intuição e plenitude.

Quando permitimos que as emoções divinas ou estados de intuição e plenitude tomem conta do nosso ser, a tristeza jamais poderá se instalar.

Como se fossem duas estações de rádio; fica impossível o mesmo aparelho (você) tocar as duas estações ao mesmo tempo. Como se você flutuasse sobre as situações sem se misturar a elas.

Quando sofremos, é porque ignoramos o nosso potencial divino e, quando manifestamos o divino, o sagrado que cada um de nós tem em nossa consciência, nos realizamos e nos aproximamos de nossas missões de alma. Surge então a plenitude.

Passamos a enxergar a natureza divina por trás de cada ser humano e por trás de cada situação que nos deparamos. Nesse estado de consciência, respeitamos e aceitamos aquilo que não nos parece bom em um primeiro momento porque entendemos que aquela situação é apenas uma peça do nosso grande quebra-cabeça da vida.

Nem todas as peças são bonitas, mas, quando entendemos que elas juntas formam uma linda história de vida, passamos a admirá-las e sentir gratidão por elas comporem a nossa história, preenchendo perfeitamente seus espaços.

A felicidade acontece quando fluímos com a vida e não quando lutamos com ela.

Fluir com a vida significa confiar em nossa trajetória de alma, em nossa bagagem espiritual e em nossas escolhas terrenas. Significa confiar em que, se você fizer a melhor escolha dentro da sua consciência no momento presente, o futuro será consequência dessa escolha.

Você é responsável pelas suas escolhas e é o criador do seu destino.

Ser+ com Saúde Emocional

Quando fazemos escolhas conscientes, temos a confiança de que o futuro será a consequência dessas escolhas, portanto, será perfeito para aquilo que você tem que viver e aprender para evoluir como ser humano.

Crie apenas metas mundanas e, provavelmente, se frustrará, terá emoções negativas e entrará em diversos círculos viciosos.

Coloque sua atenção no momento presente e flua com a sua vida. Esteja presente a cada suspiro, esteja em harmonia com o seu corpo, com a sua consciência e com seu meio ambiente.

Deseje a perfeição, mesmo que para o seu vão entendimento ela pareça imperfeita...

A transformação

Nossas emoções necessitam de limpeza, de transformação.

É importante encararmos nossos sentimentos negativos e transformá-los em positivos através de uma mudança de perspectiva em vez de reprimirmos. Imagine uma bola dentro de uma piscina. Você a força para baixo. Quando solta, ela vem à superfície com muito mais força. O mesmo acontece com as emoções reprimidas. Isso gera uma luta interna, uma tensão constante.

Deixe fluir, vivencie as emoções negativas e as transforme em positivas, a seu favor. Torne o seu dia mais consciente, meditativo.

Meditar é contemplar a si mesmo e a vida. A palavra contemplar tem na sua acepção de origem a "observação descompromissada e leve". Esse estágio meditativo nos envolve em patamares de confiança saudáveis. Passamos a confiar – sem nos prendermos a definições religiosas – em que somos criadores com a existência, e passamos a trabalhar cada vez mais para expandir a nossa consciência.

Viver a vida terrena assume uma densidade leve, sobrepondo-se às acelerações de pensamento. De certa maneira, algo interno nos apazigua com a certeza de que, quanto mais conscientes forem nossos atos no momento presente, mais teremos confiança no futuro.

Exercite a confiança, eleve sua autoestima. Construa sentidos para sua vida, ame. Ame, a si mesmo e ao próximo.

"O amor é o único caminho real para a felicidade.
O amor nos conecta ao divino, nos coloca em contato com nossa alma e permite nos relacionarmos com outras pessoas de alma para alma.
Esse é o verdadeiro sentido da vida. Essa é a verdadeira felicidade.
Todo o resto é apenas parte deste caminho."
Priscila Lima de Charbonnières

Priscila Lima de Charbonnières

Astróloga e *coach* membro da Sociedade Brasileira de *Coaching*, formada em *Personal & Professional Coaching* e treinada pela *Center for Skillfulmeans*, ativa em cada um a capacidade de intuir e agir de acordo com seu interior nas tomadas de decisões; desenvolve uma visão mais abrangente da vida, que integra corpo, mente e alma. Cursou Psicologia na FMU, estudou Reiki, Radiestesia, Feng Shui, Filosofias Ocidentais e Orientais. Mais tarde especializou-se em yoga e astrologia com foco na investigação dos princípios e leis que regem o universo e o ser humano. Com Linda Brady, autora do livro *"Discovering Your Soul Mission: Using Karmic Astrology to Create the Life You Want"*, aprimorou importantes técnicas e hoje desponta como uma especialista no desenvolvimento de competências comportamentais pelo uso da intuição.

Contato:
priscilalima@intuitivo.com.br

Anotações

23

Código AM da Saúde Emocional

"Se pudéssemos conhecer os segredos do coração e a história dos nossos " inimigos ", encontraríamos, na vida de cada um, tristeza e sofrimento suficiente para desarmar toda a hostilidade"
Henry Wadsworth Longfellow (1807-1882), poeta americano

Professor Álvaro Monteiro

A sabedoria das emoções

Trabalhar quase sem interrupção em objetivos essenciais consome grande quantidade de energia mental e emocional, que deve ser reposta ou acabaremos consumindo o nosso equilíbrio e capacidade de autocura. Quando a fadiga e tensão muscular aumentam, muitas pessoas ficam de mau humor e perdem o ânimo e a flexibilidade.

Relação energia emocional e liderança

Muitos líderes excepcionais e pioneiros criativos encontraram meios de capturar e direcionar sua energia emocional. Quer estejamos conscientes ou não do mau humor, mudanças de ânimo podem nos motivar e dar condições de controlá-lo ou mudá-lo.

O simples uso de energia pessoal permite-nos estar em sintonia com o mundo que nos rodeia. A energia apaixonada e impulsionada pelo coração, a sabedoria dos sentimentos, a nossa força oral e visual, são armas que os nossos "inimigos" nunca levarão como despojos de guerra. Esta associação de estados emocionais vem recebendo uma especial atenção dos líderes que estão encarregados de dirigir organizações e negócios altamente criativos – uma relação de energia emocional e liderança.

A liderança é um jogo de inteligência, coração e energia emocional. A liderança vai estar menos relacionada à pessoa no controle e mais orientada para o trabalho de equipe, onde a inteligência do líder são as ideias e o estímulo criativo, o coração é a paixão e a energia emocional, a empatia com as pessoas.

Construir espaços de energia emocional na empresa

Ambientes para pausas estratégicas – momentos de interrupção do trabalho no meio da manhã e no meio da tarde - arejados, isolados, recantos sossegados, adequados a breves períodos de concentração, reflexão e relaxamento para cuidar do bom colesterol intelectual. Nesses espaços, as pessoas iniciam discussões criativas, pensam, sentem, interagem, criam, relaxam, libertam energia emocional e realizam afetos, substituindo os viciados canais de conversação na net – relações tecnológicas erradamente classificadas de válvulas emocionais.

Potenciar a energia emocional no local de trabalho

O capital mais precioso na organização é o cérebro das pessoas e a sua energia emocional. Desenvolva o seu Plano de Ação para aumentar o desempenho humano individual e coletivo no local de trabalho:

• Transforme o medo em envolvimento e poder emocional – encorajar pessoas a ultrapassar limitações, soltar a imaginação, ignorar a influência do ambiente e impulsionar a energia emocional e o desempenho.
• Liberte o poder psicológico para o sucesso – uma fonte de aumento

Ser+ com Saúde Emocional

de energia e de diminuição de tensão, colocando o entusiasmo e o bom humor no dia a dia, beneficiando melhoras nos processos de trabalho e tarefas com mais sabor, um bom estado de espírito, mais prestação, generosidade e abertura emocional por parte dos colaboradores e colegas.
• Demonstre espírito de liderança – dê o exemplo sendo o primeiro a frequentar os espaços para as pausas estratégicas.
• Desenvolva a energia física e a vitalidade – o bem-estar mental e emocional baseia-se no físico. Durante as pausas estratégicas, alguns exercícios de fortalecimento muscular ou movimentos de alongamento melhoram a postura e o sistema respiratório. Vivendo saudavelmente, ingerindo refeições moderadas e lanches nutritivos, aumentam a energia e metabolismo, ao invés dos tradicionais salgadinhos, refrigerantes, fatias de bolos e cafés duplos.

Apostar em uma gestão transversal da vida
Segundo Hans Selye, "o estresse é o resultado do homem criar uma civilização, que, ele, o próprio homem, não mais consegue suportar". Calculando que o seu aumento anual chega a 1%, e que hoje atinge cerca de 60% de executivos, pode-se chamar de a doença do século ou, melhor dizendo, a doença do terceiro milênio.
O futuro do trabalho aponta para empresas pequenas e médias, fusões de gigantes, para profissionais em regime autônomo e em organizações virtuais. Cooper e Jackson em seu livro Criando as Organizações de Amanhã (Creating Tomorrow's Organizations) previram que "a maioria das organizações terá apenas alguns (poucos) funcionários em tempo integral, trabalhando em escritórios convencionais.
As empresas irão procurar a mão de obra de que necessitam contratando pessoas que trabalharão em casa, ligadas à empresa por computadores, ou contratando profissionais via contrato a curto prazo para executar tarefas e projetos específicos. Desta forma, as empresas poderão manter a flexibilidade que precisam para se adaptar às rápidas mudanças que ocorrem no mundo".

Criar uma relação irresistível de vida profissional e pessoal
"O melhor amigo não é aquele que apenas nos encoraja a alcançar um objetivo: é o que também indica o caminho das pedras, dá os bons conselhos, fornece as dicas mais preciosas". – Anthony Robbins, mestre do Desenvolvimento Pessoal.
As pessoas, ao longo da sua carreira profissional e mesmo pessoal, tomam algumas atitudes que acabam se refletindo como atos de grande relevância e valor na obtenção dos seus objetivos e na manutenção do seu sucesso:
• Sorriso, imagem adequada, boa comunicação, poder de decisão,

boa percepção e poder de negociação.

Criar uma relação irresistível na vida profissional e pessoal é saber aprender a inspirar a si próprio e aos outros no trabalho e nas relações pessoais, favorecendo o bom marketing pessoal.

As pessoas sorridentes são sempre melhor recebidas em todo o lugar onde chegam. Sabe por quê? Irradiam alegria e transmitem positividade, reflexo de uma personalidade sadia e de uma grandeza de caráter bem construído. Em momentos críticos, sabem preservar o relacionamento, refletindo, mantendo a calma e sensibilizando-se com o problema do outro.

Determine um objetivo

Cada profissão exige que se tenha uma imagem adequada à realidade que se pretende construir – a relação perfeita com a profissão que se exerce. A ideia é distinguir que existem pelo menos duas possibilidades para "ser". Existe o que sou de verdade e existe o que acredito que sou. Não posso mudar o que sou, mas posso mudar o que acredito que sou.

Percepção para o sucesso profissional

Não precisamos esperar por estímulos ou acontecimentos se quisermos descobrir exatamente o que queremos da vida profissional. Basta ter uma meta clara do que se quer e a razão porque se quer, aplicando a estratégia apropriada para se alcançar um estado emocional, mental e físico que levará a ações estimulantes, de entrega, e a um sentido de finalidade. Todos nós já experimentamos estados "naturais" sem precisarmos agir conscientemente. Esse efeito especial mental, chamado de disposição para o que se quer fazer e obter, pode surgir naturalmente. É preciso estar atento para pegar esse efeito e tirar toda a energia e preparar-se para o sucesso profissional.

Encontrar o próprio sucesso no trabalho

É possível trabalhar no que mais gostamos. Aprendendo a perceber as nossas inclinações, melhores qualidades e habilidades, podemos melhorar nossas vidas e nossos sentimentos ao encontrar o nosso melhor destino ou, acreditando em nossas crenças de vencedor e indivíduo de coragem, o nosso próprio caminho. Dentro de todos nós já existe um plano inicial de sucesso. Escondido pelos preconceitos, medos, teimosias ou preguiças, aprendidos ao longo de nossa vida, precisamos somente de condicionamento psicológico para o fazer correr.

O desafio está na pergunta: o que posso fazer para mudar? Mude os conceitos. Basta assumir que só é aquilo que é. Não crie um ideal de perfeição quando ainda tem muito para aprender sobre desenvolvimento pessoal para agir por si próprio.

Ser+ com Saúde Emocional

Viver com equilíbrio e energia psíquica
Para se experimentar viver com equilíbrio, experimentar fluxo e transformar uma parte da energia vital em energia psíquica, temos de ter presentes algumas condições para um envolvimento profundo na experiência:

- Objetivos definidos e *feedback* imediato – sabemos que estamos fazendo tudo bem feito.
- Oportunidade e competências - nossas competências individuais estão bem adequadas aos desafios propostos.
- Concentração na tarefa - uma reação química entre ação e atenção – a mente e corpo concentram-se.
- Controle potencial – a sensação de crescimento, de fazer parte de algo mais vasto; uma transcendência dos limites do ego.
- Imersão no tempo – tudo se passou tão depressa.
- Repetir, repetir – tudo foi agradável, é digno de ser feito de novo.

Numa conferência numa universidade americana, Brian Dyson, ex-presidente da Coca-Cola, falou sobre a relação entre o trabalho e outros compromissos da vida.
"Imaginem a vida como um jogo, no qual as pessoas fazem malabarismo com cinco bolas que planam no ar. Essas bolas são: o trabalho, a família, a saúde, os amigos e o espírito. O trabalho é uma bola de borracha. Se cair, bate no chão e pula para cima. Mas as quatro outras são de vidro. Se caírem no chão quebrarão e ficarão permanentemente danificadas".

- Não diminua o próprio valor comparando-se com outras pessoas.
- Não desista quando ainda é capaz de um esforço a mais.
- Não tema enfrentar riscos.
- Não tenha medo de aprender.
- Não use imprudentemente o tempo ou as palavras.
- Desfrute a vida e o trabalho.

É por estas razões que se torna tão importante aprender a ter prazer em atividades que conduzam a uma complexidade harmoniosa em vez de conduzirem ao caos. Quando falta às pessoas a competência de organizar oportunidades mais interessantes, tendem a regressar às escolhas simples, imitadoras e brutais.

Viva melhor no pessoal e no trabalho com o CÓDIGO AM DA SAÚDE EMOCIONAL.

Professor Álvaro Monteiro

Doutor em Administração (*Engineering, Marketing&Business Management*-1988 Lond-UK); MAP (2002 AHI-EUA); MBA Europe (1986 PSU-EUA); PG (Ciências Policiais/Gst Civil Crises-ISCPSI-Portugal); Dipl ND-Naturopatia (ISNF+R-Canadá/Portugal/Fac Med Natural PARIS). Ex Gestor/Assessor de *Marketing* e Administração *Top* em Multinacionais e Grupos Econômicos; Consultor Organizacional Sênior, *Coach*, Membro do Comitê Científico do IBC (Instituto Brasileiro de *Coaching*) (ECA/GCC)/Instrutor desde 1987 (IEFP – Portugal); Palestrante Liderança Tática e Comportamental/Terapeuta Holístico (Naturoterapia-CRT 46303/SINTE).

Contatos:
www.alvaromonteiro.com.br
am.egnegocios@gmail.com
contato@alvaromonteiro.com.br
(84) 9618-9469

Anotações

24

Stress como fonte competitiva e motivacional

"Existe relação entre saúde mental e stress? Sim e ambas podem ser utilizadas como ferramentas estratégicas para fazer gestão de pessoas eficientes, vender mais, liderar melhores equipes, apoiar o RH a harmonizar setores e ainda ter sucesso em projetos pessoais e profissionais. Inicialmente gostaria de trazer um "novo" conceito sobre emoções: "As emoções são eventos bioquímicos, mobilizados pelos hormônios e neurotransmissores"
Dra. Andrews

Professor Daltro Lanner Monteiro

Ser+ com Saúde Emocional

Professor Daltro Lanner Monteiro

Como o nome já diz, autogestão sugere cuidar-se, e para tal, precisa-se de muita disciplina e treinamento uma vez que você está lidando com você mesmo, algo nada fácil de gerenciar. Respirar, meditar, orar, respirar com o diafragma, relaxar profundamente, exercitar técnicas e posturas da biopsicologia e fazer automassagem são algumas ferramentas altamente eficazes no gerenciamento do stress.

O que profundamente pesquisei e estudei são as formatações do stress no indivíduo e suas consequências. Desde o corpo físico até a saúde mental, a partir do conhecimento de várias ciências, como: anatomia, bioquímica, fisiologia e biopsicossocial e suas ressonâncias na saúde. O Doutor Hans Seyle foi pioneiro na pesquisa do stress, assim, ele é responsável pela primeira definição clássica sobre o assunto: "É a resposta do corpo a qualquer demanda, quando forçado a adaptar-se à mudança".

Outro referencial para as minhas pesquisas é o Doutor John Pinel, que em seu livro *Biopsychology*, deixa claro essas íntimas relações dos estímulos físicos e mentais com as ressonâncias emocionais. Em curtas palavras, pessoas felizes sabem aplicar autogestão e manter sua saúde mental em equilíbrio, assim mais proativas nas organizações.

Saber entender as nuances que giram em torno da saúde emocional é um gênero de primeira necessidade para qualquer profissional, principalmente para os que lidam com pessoas. Além disso, em tempos de tumultuadas e constantes mudanças, ajustes e adaptações , seja na vida pessoal ou na profissional, as pessoas não podem perder o equilíbrio emocional. Perde isso é perder as chances na competição da vida . Manter a saúde emocional em dia (e todos os dias) é uma garantia adicional e competitiva.

O STRESS (ou ESTRESSE) é o fator mais predominante para o desequilíbrio da saúde mental. A grande maioria das pessoas não sabe o que é stress. Para a consequência dele, pessoalmente chamo de subproduto do stress. Esse "lixo do stress", que basicamente são as respostas físicas e emocionais, passa por três estágios nesta ordem: psicossomáticos, físico e problemas crônicos.

O CORPO REAGINDO AO STRESS:
Respostas Físicas
- O sistema imunológico suprime, ou seja, a pessoa vive com algum tipo de doença, das mais complexas até aquelas constantes gripes e resfriados;
- Batimentos cardíacos acelerados;
- Problemas de pressão arterial;
- Tensões musculares;

Ser+ com Saúde Emocional

- Bruxismo (dentes rangendo ao dormir);
- Transtornos de sono (insônias);
- Sistemáticas dores de cabeça;
- Desconfortos musculares;
- Cansaço e fadiga sem motivos;
- Tonturas, etc.

Respostas Emocionais:
- Pessoa sempre desmotivada;
- Raiva e intolerância;
- Pessoas que vivem se queixando da vida e do trabalho;
- Impaciência;
- Medos;
- Emoções a flor da pele, etc.
- Depressão.

STRESS x SAÚDE EMOCIONAL x SUCESSO PROFISSIONAL E PESSOAL.
O stress é desencadeado basicamente através de propensões mentais, ou seja, o ato de pensar. Situações do dia a dia, como por exemplo, um "susto" ou a exigência de uma mudança no trabalho, desencadeiam o seguinte esquema:
1. Cérebro identifica o problema (propensão mental);
2. Mobiliza o sistema nervoso simpático;
3. "Ativa" as glândulas suprarrenais;

Glândula suprarrenal ou **adrenal** *é uma glândula endócrina com um formato triangular, envolvida por uma cápsula fibrosa e localizada acima dos rins. A sua principal função é estimular a conversão de proteínas e de gorduras em glicose, ao mesmo tempo em que diminuem a captação de glicose pelas células, aumentando, assim, a utilização de gorduras, e consiste na síntese e libertação de hormônios estressores (corticosteroides) como*:
4. Aumento de Adrenalina e/ou Cortisol;
5. O corpo se organiza para lutar ou fugir do problema.

E o que todo esse mecanismo fisiológico tem a ver com uma empresa ou com uma escola e, ainda, com o sucesso profissional? Permita-me responder essa pergunta apresentando vários dados e conceitos:

"***As secreções glandulares controlam a natureza humana, e quem for capaz de controlá-las, controlará a si mesmo.***" (Dr. Louis Berman);

"***As glândulas mobilizam as emoções***" (Dr. Robert Sapolsky – pesquisador da Universidade de Stanford nos USA);

Professor Daltro Lanner Monteiro

"***As emoções estão ligadas à saúde.***" (O respeitado estudioso grego Hipócrates, uma das figuras mais importantes da história da saúde, frequentemente considerado "pai da medicina" -500 Antes de Cristo);

Atualmente 94% das MULHERES e 74% dos HOMENS brasileiros economicamente ativos sofrem com a sobrecarga de trabalho e faltando ao trabalho devido ao stress. (Fonte: International Stress Management Association ISMA/Brasil). A estimativa é de que os gastos com medicamentos e seguros em decorrência de **problemas de saúde causados pelo estresse cheguem a quase 4% do Produto Interno Brasileiro (PIB)** (Fonte: International Stress Management Association ISMA/Brasil). Mais de 15% dos trabalhadores de média e/ou grande empresa que hoje procuram ajuda médica por distúrbio de caráter depressivo são diagnosticado com síndrome do **esgotamento profissional**. (Fonte: Doutor Jürgen Staedt, diretor da clínica de psiquiatria e psicoterapia do complexo hospitalar Vivante, em Berlim);

Acredito que os dados por si só já falam e dão várias respostas à pergunta acima. Tais informações só reforçam que o gerenciamento do mecanismo fisiológico tem o poder de mudar cenários nos mais variados tipos de negócios. Certa vez escutei do consultor empresarial, o qual tenho profunda admiração e é uma das minhas referências de trabalho, Waldez Luiz Ludwig, uma citação que igualmente tenho como uma de minhas verdades profissionais: " O maior patrimônio de uma empresa não são suas paredes e máquinas, e sim, as pessoas que ali estão trabalhando".

Muitos empresários ou diretores de escolas ainda são fieis ao mito de que para investir em seus negócios basta compra máquinas novas e sofisticadas. Não estou afirmando que isso não seja importante, estou dizendo que o stress poder acabar com essa empresa ou escola. Sem saúde emocional fica difícil de conceber um ambiente corporativo ou o clima organizacional saudável que possa produzir produtos ou serviços de qualidade com produtividade.

Outra vez fui convocado pelo RH de um grande grupo corporativo, composto por sete empresas. O problema: a alta rotatividade de funcionários por pedidos de demissão ou por doenças. Inicialmente a empresa queria apenas palestras motivacionais. Como o número de funcionários era imenso, foi necessário montar várias curtas palestras para atender a todos. Ao longo de cada palestra fui passando os conteúdos e conquistando a confiança dos ouvintes para, ao final de cada explanação, poder questionar os anseios de cada um dentro daquela empresa. A pergunta era simples: " O que poderia diminuir a rotatividade de funcionários? O resultado vindo deles foi: 1º palestras ou treinamentos; 2º desafios dentro da empresa; 3º clima organizacional da empresa. O que eles realmente queriam eram treinamentos. Após essas atividades, o índice de problemas com os colaboradores baixou de 33% para 0,7%. O médico do trabalho e o RH agradecem até hoje.

Não existe uma receita ou uma fórmula que resolvam de imediato as imensas situações que o mundo corporativo ou educacional enfrentam com seus colaboradores, mas se uma coisa se reforça a cada ano, neste mais de 20 que atuo como consultor, é o poder que o ouvir as pessoas pode trazer para o caixa das organizações.

Não há decisão que não envolva racionalidade e emoção, razão e coração, além de funções do cérebro. Mesmo que não queiramos ou não saibamos, sempre haverá um componente emocional em nossas relações. Como profissionais, seja CEO, diretores, gerentes, supervisores, colaboradores ou professores, sempre precisaremos ter contato com nossos conteúdos emocionais. Saber identificá-los, estimar com qual intensidade nos afeta, como afeta o outro, enfim saber gerenciá-los, conciliando seu direito de existência com a devida adequação e vivenciá-los e expressá-los de forma respeitosa. O fato é que nas minhas vivências de constantes ensinamentos e treinamentos com milhares de pessoas, concluí que as "transformações biopsicossociais" acontecem com as "aspirinas de vida" que recebemos. Recomendo exercitarem a autogestão do stress que vai possibilitar a todos galgarem o caminho do sucesso e serem felizes.

Referências:
• Why Zebras Don't Get Ulcers, pelo Doutor Robert Sapolsky. W.H, Freeman & Co., New York, 1996;
• Memórias Estressadas, pelo Doutor Robert Williams, Harper Collins Publishers, New York, 1993;
• Assumindo o Controle do Estresse, pelo Doutor Robert Sapolsky, na revista Scientific American Brasil, outubro 2003;
• A User`s Guide to the Brain, pelo Doutor John J. Ratey, Pantheon Books, New York, 2001;
• Biopsychology, John P.J. Pinel, 5° edição;
• Ninguém Morre de Trabalhar, Osmar de Almeida Santos, Editora Texto Novo;
• Artigos e Pesquisas International Stress Management Association ISMA/Brasil);
• Pesquisa do Sistema Prático de AutoGestão, na Universidade de Caxias do Sul, Pró Reitoria de Extenção – SPA na UCS entre os anos 2000 até 2006 orientado pelo professor Daltro Lanner Monteiro;
• Ser+Saúdável e Melhorar o Seu Bem-Estar, Coordenação editorial Dr. Jô Furlan, Tavicco Moscatello, Waldyr Soares – Editora Ser Mais;
• Estresse, Auto Estima Saúde no trabalho, Autor Simon L. Dolan.

Professor Daltro Lanner Monteiro

Graduado em Consultoria Empresarial pela Fundação Getúlio Vargas e pós-graduado em Gestão Escolar. É Professor Universitário, Professor de Educação Física e especialista em Biopsicologia. Pesquisador do tema "Stress do docente no ensino público e nas empresas". Em apenas dez anos treinou mais de 77000 professores (estaduais e municipais) e 57000 colaboradores através do Sistema Prático de Autogestão. Docente da Executive Consultoria, Inovação T&D e D2 Treinamentos. Apresenta o programa de televisão *Viver Bem* e o de rádio *Você Empreendedor* na região serrana do Rio Grande do Sul.

Contatos:
www.professordaltro.com.br
contato@professordaltro.com.br
Facebook: Daltro Monteiro
You Tube: Prof. Daltro
Twitter: @professordaltro
(54) 3223-1213
(51) 3209-1008
(11) 9630-0809

Anotações

25

Saúde emocional: o familiar-cuidador e o tempo de cuidar de si

Podemos conquistar a possibilidade de envelhecer bem e de conviver melhor com os cuidados necessários ao idoso. O familiar-cuidador fará isso se formar uma rede de ajuda que inclua profissionais e outros familiares. Para tanto, precisará olhar profundamente para suas motivações íntimas e para sua vida pessoal e profissional, que aguardam sua atenção para poderem gerar realização

Rita Hetem

Ser+ com Saúde Emocional

Rita Hetem

À parte os aspectos profundos abordados pela psicologia e suas questões sobre amor e relacionamentos, sobre cognição e significado das experiências, sobre a consciência e sobre tudo que não sabemos sobre nós mesmos, há dois medos que assombram o homem contemporâneo e que precisam ser considerados: o medo de viver pouco e o medo de viver muito.

A grande novidade de nossos tempos é que podemos viver muito, ou que, quase inevitavelmente, viveremos muito. O perfil estatístico e epidemiológico da população mundial revela: estamos vivendo mais do que as gerações anteriores e ganhamos a possibilidade de envelhecer bem. A expectativa de vida no início do século XX era de 45 a 50 anos de idade. Hoje, segundo a OMS, é esperado que as pessoas vivam até os 75 anos. Na verdade, sabemos que estamos vivendo mais: facilmente encontramos famílias com longevos velhinhos de 90, 95 anos de idade ou mais. Trata-se de uma conquista resultante do trabalho conjunto da medicina, da educação, do saneamento básico, da tecnologia e de tantas outras áreas do esforço humano.

Sendo assim, caso superemos a condição que impõe o primeiro medo, que é o de viver pouco, o "segundo medo" deve ser considerado com inteligência e praticidade. Afinal, só há um meio de não viver muito: morrer antes! E isto será evitado a todo custo. A questão que se coloca a partir disto é a seguinte: envelhecer, sim, mas com que qualidade de vida para nós e para os demais?

Em dois momentos da vida somos extremamente dependentes: na infância e na velhice. A infância traz a independência crescente, e isso nos enche de boas expectativas. A velhice, por seu lado, ainda mais conforme a qualidade de vida pregressa e a herança genética, percorre o caminho inverso: haverá crescente necessidade de ajuda, dependência de relações de confiança, de recursos que possam auxiliar num momento de vida geralmente menos produtivo ou nada produtivo – salvo exceções.

É essa a realidade, inexorável e com consequências práticas fundamentais, com a qual muitas famílias se deparam: a terceira idade chegou, avançou, a "quarta idade" se estabeleceu, e estamos todos aqui. O pai, a mãe, o tio, atingiram a idade dos 75, 80, 90 anos e agora precisam de ajuda, de apoio, de companhia, de cuidados médicos e de auxílio cotidiano, como um dia nós, quando criança, recebemos.

Enquanto há possibilidade de independência, de transitar no mundo por si mesmo, de morar sozinho, que essa condição seja preservada às pessoas de idade e que esta fase dure muito, ou ainda por toda a vida. Mas isto não está ao alcance de todos. Um dia pode acontecer – e com muitos pode estar acontecendo – de não haver possibilidade de se levantar sozinho, de atravessar a rua, de vestir-se ou ir ao banheiro sem o apoio consciente, tecnicamente adequado e paciente de alguém. De quem?

O objetivo da Organização Mundial da Saúde é "a obtenção, por todos os povos, do nível de saúde mais alto possível". Mas o que é saúde? Segundo a OMS, saúde "é um estado de completo bem-estar físico, mental e social, em vez de mera ausência de doenças ou enfermidades." Esta definição, surgida após a 2º Grande Guerra, ressaltou o aspecto social da saúde, da necessidade não só de ambientes limpos e de acesso aos recursos de saúde, mas também do bem-estar emocional da pessoa, ou seja, da qualidade de suas relações e de sua realização pessoal.

Quando, por amor, por gratidão, ou por sentimento de culpa, um familiar se elege (ou "é eleito") para cuidar de um ente querido que não mais consegue cuidar de si, por quanto tempo manterá a própria saúde, assim como a de seu ambiente familiar? E ainda, inevitável refletir, quanto estará preparado para oferecer, realmente, os cuidados mais adequados, dada a fragilidade física que pode fazer com que o simples erguer pelos braços cause hematomas ou fraturas?

Cada caso é um caso, e defendo a ideia de que as pessoas tenham liberdade e serenidade para analisar a situação específica com a objetividade possível.

Algumas perguntas podem ajudar o familiar-cuidador a olhar a questão de modo mais amplo: qual o resultado prático que pode gerar ao assumir, pessoalmente, a responsabilidade pelos cuidados cotidianos de seu ente querido? De fato está gerando qualidade de vida para o idoso, para os que o cercam e para si mesmo? Como fica seu trabalho, sua carreira, sua profissão? Quais as consequências para sua família e para a intimidade familiar? Qual seu preparo para lidar com o esforço físico necessário? Qual sua disponibilidade de tempo? Qual seu equilíbrio para lidar com o estresse emocional advindo disso? Quais as consequências para sua realização pessoal? Será ele, apenas ele, a única pessoa "capaz" de cuidar de seu ente querido? Por que nenhum outro familiar se envolve com a questão? Ele ajuda ou atrapalha a aproximação de outras pessoas? Haverá profissionais capacitados, tanto técnica quanto eticamente, para ajudar?

Por vezes, a motivação mais profunda ao assumir solitariamente a responsabilidade pela vida de alguém é um sentimento de culpa ou de onipotência. A pessoa age como se fosse possível, por um gesto extremo e heroico, recuperar ou recompensar alguma coisa, cujo tempo já passou. Ou teme não estar sendo suficientemente amoroso por ter necessidades próprias a atender e que concorrem com a possibilidade de oferecer 100% de sua vida ao idoso. Doloroso momento em que vemos que a pessoa amada está e não está lá, pois seu corpo está, mas sua consciência e memória não mais. Somos colocados "na parede" e temos que avaliar quem somos, o que é essa relação, o que podemos e o que não podemos diante dela. As boas lembranças – e as más lembranças – invadem a cena mental como que determinando o que se deve fazer, e as obrigações para com o passado, tenha ele sido bom ou ruim, passam a comandar. Isto faz com que a situação presente seja mal avaliada, repleta de constrangimentos e fantasmas, o que gera muita confusão. Há uma obrigação, sim, mas não é a do trabalho braçal, substituindo ou corroendo a qualidade de vida como um todo. A obrigação é a do não abandono, de manifestar afeto, de oferecer ao idoso o amor familiar. Mas esta "obrigação" está pareada a todas as outras absolutamente pertinentes à vida do ser humano: trabalhar, manter-se, cuidar da própria intimidade, da própria saúde, ter sonhos e metas e seguir trabalhando por elas – porque o presente e o futuro do familiar-cuidador também estão em jogo e devem ser contabilizados na equação das providências a serem tomadas.

Atualmente, há um transtorno "novo" visitando as estatísticas. É o chamado "estresse do familiar-cuidador", cuja incidência varia diretamente pelo tempo de dedicação ao portador de demência. Este transtorno pode levar ao esgotamento (total ou parcial) do familiar-cuidador, à depressão ou a doenças físicas, induzidas por emoções mórbidas. Do ponto de vista da realização pessoal, muitos familiares-cuidadores abandonam suas metas e deixam de enfrentar os desafios de sua carreira para a dedicação exclusiva às tarefas referentes ao paciente, por razões nem sempre conscientes ou mesmo legítimas.

Na verdade, o familiar-cuidador está se tornando o próximo paciente, mais rápido do que imagina, e está comprometendo sua qualidade de vida e de seus relacionamentos. Segundo o instituto TNS Research Internacional, 78% dos familiares reduzem sua carga de trabalho para cuidar de seu familiar adoecido, enquanto 30% das pessoas chegam a largar seus empregos. É comum que os familiares-cuidadores tenham que se dedicar diuturnamente ao paciente. O problema que se acrescenta é que este familiar-cuidador está colocando sua própria saúde em risco – saúde física, emocional, psicológica, familiar e financeira.

Antes que maiores estragos sejam feitos, é importante parar e pensar. Nem sempre, sem um apoio de profissional especializado, a pessoa vê o problema com clareza. Muitas vezes o "cuidador" subestima a situação ou se supõe mais forte do que realmente é. Vale a pena conversar com outras pessoas que estejam passando por problemas similares ou que o conheçam do ponto de vista profissional. É preciso ponderar qual a medida certa e produtiva entre o cuidar de si e o cuidar dos outros, porque todas as necessidades pessoais negligenciadas cobrarão seu preço.

Por outro lado, é preciso também desfazer a associação entre sacrifício e amor. Algumas pessoas guardam uma marca familiar de chantagem emocional para consigo mesmos, e agem como se o amor por alguém tivesse que ser provado por meio de abstinência em relação ao prazer de viver e da realização pessoal. Ledo engano! Trair a própria vitalidade não é prova de amor, mas sim de medo, ou, talvez, de sentimento de culpa – este, a grande inutilidade de todos os séculos! O sentimento de culpa é como preparar-se para caminhar com uma mochila cheia de pedras nas costas. Um esforço imenso é empregado e muita energia é completamente desperdiçada! O familiar-cuidador precisa tirar essa mochila e cumprir sua caminhada – será bem melhor, mais agradável e produtivo para si e para o ente querido!

Soluções simples, mas importantes, devem ser tomadas e podem preservar o bem-estar do paciente e do "cuidador". Redes de contato – na família e fora dela – devem ser acionadas com a finalidade de dividir as tarefas. Deve haver a busca sincera e efetiva por estabelecer vínculos cooperativos e sadios. O familiar-cuidador deve poder viajar, ter finais de semana, sair com filhos e amigos, celebrar seu aniversário. Pode e deve contar com profissionais ou com estabelecimentos e prestadores de serviço especializados, competentes, responsáveis e éticos que cuidem bem do idoso. É preciso se informar e é preciso ter coragem. Nada fazemos sozinhos.

A saúde emocional do familiar-cuidador depende de sua lucidez ao administrar o cuidado para com seu ente querido, preservando sua alegria de viver e lembrando-se de que sua própria vida está disponível e esperando para ser vivida pela única pessoa que realmente pode fazer isso: ele mesmo!

Rita Hetem

Psicóloga formada pela Universidade de São Paulo, *Life Coach* pela Gestão Polifocal e palestrante, com especialização em Terapia Breve, Saúde da Mulher no Climatério, Abordagem Corporal e Psicologia Hospitalar. Experiência em terapia individual e trabalhos de grupo, tanto terapêutico quanto educacional. Experiência na área da Saúde Pública (PMSP), acumulando o cargo de Psicóloga e Assistente de Direção de Unidade Básica de Saúde. Estuda, pesquisa e trabalha a relação do familiar cuidador com seu ente querido, com o objetivo de apoiá-lo no afeto por si e pelo idoso. Atendimento e orientação psicológica.

Contatos:
rita_hetem@yahoo.com.br
(11) 999 529 457

Anotações

26

Estratégias para buscar viver bem

O que é preciso para ter uma vida melhor e enfrentar as dificuldades do dia a dia?

Rogério Duarte Fernandes dos Passos

Rogério Duarte Fernandes dos Passos

Ao longo dos anos, em palestras sobre relacionamento interpessoal, vi a necessidade de criar estratégias para enfrentar os problemas diários. Elas não significam uma atitude de passividade ou conformismo diante de injustiças ou de legítimas demandas da cidadania, mas tão somente – como já dito – ferramentas para, até mesmo, buscar um melhor relacionamento no ambiente organizacional, e, claro, para melhor viver. Em alguns momentos poderá parecer difícil segui-las – tarefa para super-homens e super-mulheres – mas é preciso ter em mente que a atitude de buscar viver bem é uma escolha.

Então vamos às estratégias
1 – POR NADA estrague o seu dia - Com frequência, acontecimentos ruins do cotidiano nos irritam e perturbam o resto do dia, da semana, e, não raro, até do mês. O próprio trânsito é propenso a isso. No entanto, independentemente da dificuldade – que obviamente deve ser tratada sempre com seriedade – a decisão de ter um dia bom ou ruim está ao nosso alcance e é exclusivamente nossa, no que se reflete inclusive a nossa atitude em relação ao problema, se é propositiva ou não.

Portanto, entre decidir ter um dia bom ou ruim, a escolha se coloca como óbvia. Busquemos ter um dia bom, agradável, especialmente não deixando que problemas – sobretudo os pequenos – comprometam nosso bem-estar e nosso equilíbrio.

2 – Exercite SEMPRE a comunicação - No trabalho, na escola e em família, o diálogo e a comunicação são fundamentais. Se não houve compreensão acerca de como realizar uma tarefa, pergunte. Se há dúvida acerca de um procedimento, esclareça-o. Atribui-se ao apresentador de televisão Abelardo Barbosa (1917-1988) – conhecido pelo apelido de "Chacrinha" – o jargão "quem não se comunica, se trumbica", no que podemos crer que ele tem razão. A comunicação é fundamental para a clareza nas relações, para a realização de trabalhos bem feitos, para um relacionamento saudável e transparente no ambiente familiar e organizacional.

3 – Independentemente das circunstâncias, faça o MELHOR, pois do seu trabalho depende o bem-estar de outras pessoas;

Quando estamos realizando um trabalho devemos sempre ter em mente que ele não possui fim em si mesmo e não se encerra em nossa pessoa, visto que as suas consequências, positivas ou negativas, alcançam os destinatários dele. Isto é, nosso trabalho, bem feito ou não, alcança outras pessoas. Diante disso, o trabalho pode ser uma excelente ferramenta de propagação do bem e de valores positivos e úteis, no que, então, reconhece-se que existe um compromisso implícito na sua realização: fazê-lo bem, corretamente. Se houve o comprometimento na realização de um trabalho, deve-se reconhecer que ele alcança outras pessoas, no que o ideal é que alcance positivamente. E se não houver condições ou reconhecimento para a realização de um trabalho? Para a resposta dessa questão, é preciso reiterar o compromisso envolvido na realização dele, onde, em se propondo a realizá-lo, é preciso fazê-lo bem diante das condições disponíveis, sem se esquecer da capacidade do trabalho ser, como já dito, um veículo de propagação do bem.

4 – EVITE criar e adentrar em atmosferas negativas - Ser solidário e compreensivo é uma virtude. Mas, como dissemos anteriormente, nada deve estragar o nosso dia, de maneira que devemos manter e exercitar permanente vigilância para evitar a criação de atmosferas negativas, evitando, inclusive, adentrar nelas. Além de essas atmosferas contribuírem para prejudicar a saúde e o bem-estar individual e coletivo, não favorecem a criatividade e não favorecem para a construção de um bom dia.

5 – PENSE e REFLITA antes de se pronunciar nos momentos de emoção - Quando se está emocionado, não raro, não se tem um discernimento claro de fatos e situações. Nos momentos de volúpia, os amantes fazem promessas impossíveis de cumprir, e nos acessos de ira, os oponentes buscam ferir, às vezes, sem limites. Diante disso, faz-se necessário lembrar que sempre existe um momento seguinte ao da volúpia e ao da ira. E, possivelmente, nesse momento seguinte se tem uma visão mais clara sobre as coisas, no que a volúpia e a ira são passageiras. Lembrando que "nada deve estragar nosso dia", no âmbito organizacional, não é raro que uma demissão venha acompanhada de uma indicação para outro trabalho, e que o empregador que dispensa hoje, recontrate amanhã. Diante disso, nos momentos de tensão, é preciso exercitar a comunicação e também ter em mente que não se pode querer aniquilar nossos interlocutores, pois essa atitude poderá trazer remorso e contribuir para a criação de barreiras nos relacionamentos difíceis de posteriormente transpor. É evidente que é necessário ter firmeza e seriedade na resolução de problemas, mas um conflito não pode estragar nosso dia e prejudicar a compreensão e aceitação mútua. A criação de uma cultura de paz, inserida em um ideal de alteridade, é um compromisso que deve se colocar como um item permanente em nossa agenda.

6 - DERROTAS e GLÓRIAS são passageiras - Não conseguir ou não alcançar um objetivo é algo que faz parte do cotidiano. Muitas vezes, o limite entre conseguir ou não está relacionado ao esforço, aperfeiçoamento e persistência dedicados a uma tarefa. Porém, é preciso igualmente estar atento às oportunidades e reconhecer que cada uma delas oferece uma porta a se abrir. Os fatos que classificamos como derrotas, ou mesmo a perda um trabalho ou a não aprovação em uma entrevista de emprego, são ocasiões para se exercitar o aprendizado e o aperfeiçoamento. Então poderão ser passageiras em face de nossa

atitude em relação a elas.

Da mesma forma, as glórias, os elogios e o reconhecimento são efêmeros, visto que na vida em sociedade exige-se um papel a desempenhar que não se esgota em um único dia, mas que se renova permanentemente e, obviamente, não repousa em louros passados. E, nesse ponto, é preciso estar muito atento ao trabalho, pois não é raro encontrarmos situações em que um profissional se porta muito bem durante anos a fio, mas é sempre lembrado por um único deslize.

7 – Viva UM DIA DE CADA VEZ - Em especial com relação aos mais jovens, existe uma grande ansiedade em conquistar e alcançar, mas é preciso viver um dia de cada vez. As conquistas somente são sólidas se o trabalho que as alicerçou foi feito com ética, se ao longo dos anos se revelou em um instrumento de promoção do bem, se foi edificado cuidadosamente em conhecimentos fiáveis e em experiência e sensibilidade.

Ademais, há objetivos que ao longo dos anos se tornam não tão importantes como outrora foram, deixando as pessoas e profissionais até mesmo surpresos com as escolhas feitas no passado. A dimensão material tem a sua importância no mundo terreno que ora vivemos e não deve ofuscar a dimensão interior, familiar, coletiva, moral, espiritual e educacional do ser humano em todos os papéis e frentes em que atua, e que igualmente devem ser exercitadas e valorizadas.

8 – O DESTINO existe, mas DESISTIR é uma DECISÃO exclusivamente PESSOAL - É possível crer em circunstâncias favoráveis e desfavoráveis nos diferentes acontecimentos que permeiam nossa existência. A elas atribui-se o destino, nos colocando ocasiões inexoráveis ou intransponíveis. No entanto, não é difícil encontrarmos pessoas que atribuem ao destino – e mesmo às circunstâncias e a outras pessoas – o subterfúgio do insucesso de eventos que estão relacionados, quase que exclusivamente, a atitudes e escolhas pessoais, em que elas próprias são praticamente as principais responsáveis pelas consequências.

Ter a certeza em conseguir alcançar alguma coisa é realmente algo muito difícil de aquilatar com precisão. No entanto, desistir é uma decisão individual, na qual se tem toda a responsabilidade. Exercitar a confiança e a motivação, nesse ponto, é fundamental, sendo a força motriz para prosseguir na luta, sublinhando-se nela a boa vontade e a boa fé.

Existe um pensamento pertinente que nos auxilia nessa jornada: "Senhor, dá-me serenidade para aceitar tudo aquilo que não pode e não deve ser mudado. Dá-me força para mudar tudo o que pode e deve ser mudado. Mas, acima de tudo, dá-me sabedoria para distinguir uma coisa da outra". Que desenvolvamos e tenhamos, então, a fé, a sensibilidade e a sabedoria para assim agir.

9 – PASSADO se foi; FUTURO não chegou; vive-se no PRESENTE, mas o presente é construído pelo aprendizado obtido no passado e, no

presente, deve-se lembrar de que é no futuro que se vai morar - O que passou, de ruim ou de bom, não retorna, por mais que queiramos. Que o passado seja, então, a lição, o aprendizado para o presente, sobretudo, para um presente melhor, onde não se repitam as iniquidades e os erros de outrora. Da mesma forma, é preciso viver um dia de cada vez. Muito se discute se passado e futuro de fato existem, afinal, o passado já se foi e o futuro é uma permanente expectativa, de maneira que assim só existiria o presente. Independentemente disso, o presente pode ser construído pelo aprendizado com o passado, sendo certo que o futuro é construído pelas nossas ações e pelo trabalho no tempo presente, sendo que, o que no presente é a expectativa de um futuro, em breve novamente se torna presente, no que o então se transpassa em passado.

10 – AJA como se não fosse necessário pedir desculpas - Pedir desculpas quando se comete um erro é algo nobre, importante. Mas, embora estejamos distantes da perfeição, seria ótimo se agíssemos corretamente, tratando as pessoas com respeito, consideração e equilíbrio, enfim, se agíssemos como se não fosse necessário pedir desculpas. Claro que obter uma exata compreensão de nossas ações nesse sentido exigiria um grau de evolução que ainda não dispomos, mas essa é uma utopia a ser buscada. Em guisa de conclusão, lembremos ainda que a vida nos coloca diariamente duas possibilidades e, diante delas, podemos "andar para frente" – progredir – ou "andar para trás" – regredir. Diante de um problema, estragar o próprio dia ou agir com agressividade é andar para frente ou para trás? Alimentar um conflito ou buscar um ideal de cultura de paz para resolvê-lo implica em qual opção?

"Porém as pessoas não agem dessa forma conosco", poder-se-ia argumentar. Bem, infelizmente essas pessoas deixaram passar a oportunidade de andar para frente. E, agindo assim conosco, se renovarmos nossa conduta com equilíbrio – com a firmeza e seriedade necessárias – mas pugnando pela realização dessas estratégias para buscar o bem viver – que cada um, inclusive, poderá acrescentar outras e mesmo fazer as suas próprias, teremos exercitado, com sucesso, a caminhada para frente, rumo à evolução.

E vale perguntar: qual é a sua estratégia para bem viver? O que tem feito para buscar viver bem?

Sugiro um espaço em nossos pensamentos para essa reflexão, e, quem sabe, para a ação.

Rogério Duarte Fernandes dos Passos

Advogado, pedagogo e professor nos níveis de ensino técnico, superior e de pós-graduação, atuando em instituições públicas e privadas. Mestre em Direito Internacional pela Universidade Metodista de Piracicaba (UNIMEP) e doutorando pelo Programa de Pós-Graduação em Educação pela Universidade Estadual de Campinas (UNICAMP). Ao lado da atividade de palestrante, é autor de artigos editados em periódicos nacionais e estrangeiros e colaborador em obras jurídicas coletivas, publicando, em 2010, o livro "Três Temas para o Direito Internacional Privado".

Anotações